Kohlhammer

Der Autor

Tanjev Schultz, geb. 1974, ist Professor für Journalismus an der Johannes-Gutenberg-Universität Mainz. Er arbeitete jahrelang als Redakteur im Politik-Ressort der Süddeutschen Zeitung und als freier Journalist für diverse Medien. Er promovierte in Politikwissenschaft an der Universität Bremen, zuvor studierte er in Berlin, Hagen und Bloomington (USA) u. a. Philosophie, Psychologie und Kommunikationswissenschaft. Im Sommer 2021 war er Gastwissenschaftler an der Universität von Kalifornien in Berkeley. Für seine journalistischen Beiträge hat er mehrere Auszeichnungen erhalten, u. a. den Nannen-Preis, den Goethe-Medienpreis und den Universitas-Preis für Wissenschaftsjournalismus. Im Kohlhammer-Verlag ist er Mitherausgeber der Reihe »Perspektiven auf Gesellschaft und Politik«.

Tanjev Schultz

Medien und Journalismus

Einfluss und Macht der Vierten Gewalt

Verlag W. Kohlhammer

Dieses Werk einschließlich aller seiner Teile ist urheberrechtlich geschützt. Jede Verwendung außerhalb der engen Grenzen des Urheberrechts ist ohne Zustimmung des Verlags unzulässig und strafbar. Das gilt insbesondere für Vervielfältigungen, Übersetzungen, Mikroverfilmungen und für die Einspeicherung und Verarbeitung in elektronischen Systemen.

Die Wiedergabe von Warenbezeichnungen, Handelsnamen und sonstigen Kennzeichen in diesem Buch berechtigt nicht zu der Annahme, dass diese von jedermann frei benutzt werden dürfen. Vielmehr kann es sich auch dann um eingetragene Warenzeichen oder sonstige geschützte Kennzeichen handeln, wenn sie nicht eigens als solche gekennzeichnet sind.

Es konnten nicht alle Rechtsinhaber von Abbildungen ermittelt werden. Sollte dem Verlag gegenüber der Nachweis der Rechtsinhaberschaft geführt werden, wird das branchenübliche Honorar nachträglich gezahlt.

Umschlagfoto: stockphoto mania (via stutterstock.com, Nr. 257412721).

1. Auflage 2021

Alle Rechte vorbehalten
© W. Kohlhammer GmbH, Stuttgart
Gesamtherstellung: W. Kohlhammer GmbH, Stuttgart

Print:
ISBN 978-3-17-037737-0

E-Book-Formate:
pdf: ISBN 978-3-17-037738-7
epub: ISBN 978-3-17-037739-4

Für den Inhalt abgedruckter oder verlinkter Websites ist ausschließlich der jeweilige Betreiber verantwortlich. Die W. Kohlhammer GmbH hat keinen Einfluss auf die verknüpften Seiten und übernimmt hierfür keinerlei Haftung.

Inhalt

Vorwort 7

1 »Demokratie stirbt in der Dunkelheit«: Die Vierte Gewalt 9

2 »Eine Zensur findet nicht statt«: Medien und Journalismus in der Bundesrepublik 44

3 »Rasende Reporter«? Wie Redaktionen arbeiten 76

4 »Fake News Media« – Medienrealität als Zerrbild? Journalismus in der Kritik 89

5 Prominente »abschießen«, Witwen »schütteln«? Der Missbrauch medialer Macht und die Ethik im Journalismus 114

6 Zukunft der Vierten Gewalt 130

Vorwort

Welche Rolle spielen die Medien in der Demokratie? Welche Rolle *sollten* sie spielen? Die Antworten darauf sind nicht nur für Menschen wichtig, die im Journalismus arbeiten. Sie gehen uns alle an. Als Bürgerinnen und Bürger lesen, hören und schauen wir Nachrichten, verfolgen öffentliche Debatten und nehmen manchmal sogar aktiv daran teil. Wir ärgern uns manchmal über die Berichterstattung, ein anderes Mal freuen wir uns über einen Artikel oder sind beeindruckt und beeinflusst von dem, was wir aus den Medien erfahren. Nicht alles, aber vieles, was wir zum Beispiel über die Politik und die Parteien wissen (oder zu wissen glauben), schöpfen wir aus journalistischen Quellen. Wer »Politik verstehen« will – so der Name der Buchreihe, in der dieser Band erscheint –, sollte die Medien verstehen.

Nicht umsonst heißt es, die Medien seien in der Demokratie eine »Vierte Gewalt« neben den klassischen drei Gewalten Legislative, Exekutive und Judikative. Wenn das stimmt oder jedenfalls nicht völlig falsch ist, dann sollten möglichst viele oder sogar alle Menschen die Grundlagen kennen, auf denen sich der Journalismus bewegt. Was zeichnet unser Mediensystem aus, wie arbeiten Redaktionen, welchen Regeln folgen sie oder müssten sie folgen?

Das Wissen und die Reflexion über den Journalismus zu fördern, ist eine wichtige Aufgabe für die Schulen und Hochschulen, ebenso für die betriebliche Aus- und Fortbildung und die allgemeine politische Bildung. Nicht zuletzt ist es eine Aufgabe für die Medien selbst, die ihre Arbeit gut erklären und transparent machen sollten.

Einen eigenen Beitrag dazu möchte dieses Buch leisten. Es erläutert in kompakter Form die Rolle der Medien und des Journalismus in der Demokratie. Die einzelnen Kapitel bauen aufeinander auf, können aber genauso gut einzeln und für sich gelesen werden. Anders als dickere Lehrbücher wählt der Band nur bestimmte Aspekte aus, die aus Sicht des Autors für das Verständnis der »Vierten Gewalt« besonders wichtig oder hilfreich sind. Statt seitenlanger Literaturangaben, die zwar ohne großen Aufwand erstellt werden könnten, die Leserinnen und Leser aber schnell »erschlagen« würden, setzt das Buch die Verweise sparsam ein. Jedes Kapitel wird durch wenige, gezielte Literaturempfehlungen, eine Liste der Schlüsselbegriffe und drei Fragen zum Weiterdenken abgeschlossen. Wer sich ihnen stellt, hat erst einmal genug Stoff.

Das Buch kann sowohl im Schulunterricht (Deutsch, Politik, Sozialkunde ...) als auch in Einführungsveranstaltungen der Hochschulen für Studierende eingesetzt werden, vor allem in der Journalistik, der Politik-, Kommunikations- und Medienwissenschaft. Darüber hinaus ist der Band für Angebote in der politischen Bildung gedacht, nicht zuletzt in der Lehrerfortbildung – und als Lektüre für alle, die etwas über die Rolle der Medien und des Journalismus in unserer Gesellschaft erfahren wollen.

Als Autor muss ich eine Befangenheit gestehen, die hoffentlich kein Nachteil, vielleicht sogar ein Vorteil ist: Ich betrachte das Thema nicht nur akademisch von außen. Etliche Jahre habe ich als Redakteur im Politik-Ressort der »Süddeutschen Zeitung« gearbeitet, mittlerweile bin ich Professor an der Johannes Gutenberg-Universität in Mainz. Hier forsche ich über die Medien und unterrichte Studierende im Fach »Journalismus«. Noch immer arbeite ich nicht nur wissenschaftlich, sondern auch journalistisch, kenne den Medienbetrieb also aus eigenem Erleben.

So sehr mich einiges in den Medien (und wie es »gemacht« wird) erschreckt und abstößt, so wenig kann ich verhehlen, dass mir vieles gefällt und imponiert. Meine Leidenschaft für den Journalismus ist groß. Das bedeutet nicht, dass ich auf die Medien, die ja sehr unterschiedlich sind, insgesamt unkritisch blicke – eher wie ein »kritischer Freund«. Die Leidenschaft schließt das Leiden mit ein: ein Leiden, das immer dann entsteht, wenn die Medien ihrer wichtigen Rolle in der Demokratie nicht gerecht werden.

Mainz im Sommer 2021
Tanjev Schultz

1

»Demokratie stirbt in der Dunkelheit«: Die Vierte Gewalt

Demokratien leben von einer kritischen Öffentlichkeit. Sie erschöpfen sich nicht im politischen Wahlakt, sie sind auf Diskussionen und einen Wettstreit der Argumente angewiesen. Ohne freien Fluss von Informationen und Meinungen trocknen demokratische Gesellschaften aus. Deshalb ist der Journalismus eine besondere Branche. Wer Nachrichten und Kommentare verbreitet, »verkauft« kein gewöhnliches Produkt. Die Medien erfüllen einen öffentlichen Auftrag. Sie sollen solide Informationen liefern und gehaltvolle Auseinandersetzungen ermöglichen. Sie können oder sollen bestimmen, was gesellschaftlich relevant ist und was nicht.

1 »Demokratie stirbt in der Dunkelheit«: Die Vierte Gewalt

Wie gut die Medien diesen Auftrag erfüllen, ist eine wichtige Frage – womöglich werden die hohen Erwartungen nur schlecht oder gar nicht erfüllt. An den Ansprüchen ändert das zunächst nichts. Es gehört zum Selbstverständnis einer Demokratie, dass die Bürgerinnen und Bürger sich umfassend über Themen von allgemeinem Interesse informieren können und es einen regen Austausch von Meldungen und Meinungen gibt. Dazu gehört auch, dass in der Öffentlichkeit Kritik an der Regierung und anderen Institutionen und Akteuren geübt werden kann. Mehr noch: dass die Medien die Mächtigen hinterfragen und in gewissem Sinne sogar kontrollieren, indem sie Missstände und Fehlverhalten aufdecken und thematisieren. Dafür steht der englische Ausdruck »Watchdog« – wie Wachhunde sollen die Medien die Demokratie beschützen.

Mit Blick auf diese Kritik- und Kontrollfunktion wird von den Medien als »Vierter Gewalt« gesprochen. In der Gewaltenteilung demokratischer Staaten werden zunächst nur drei Gewalten unterschieden: die Legislative als gesetzgebende Gewalt (Volk, Parlamente), die Exekutive als vollziehende, ausführende Gewalt (Regierung und Verwaltung) und die Judikative als Recht sprechende Gewalt (Gerichte). Es ist umstritten, ob es nötig und sinnvoll ist, dieser Dreiteilung noch eine weitere Gewalt hinzuzufügen (vgl. Stark & Weichselbaum 2014). Im klassischen Staatsrecht ist das nicht unbedingt vorgesehen, zumal die Medien in einer Demokratie nicht zum Staat im engeren Sinne gehören. Vielmehr gilt für sie das Gebot der »Staatsferne«. Sie sollen unabhängig von den Institutionen der Macht arbeiten. Eben diese Unabhängigkeit ermöglicht es Journalistinnen und Journalisten aber auch, kontrollierend zu wirken.

Doch ist der Begriff »Vierte Gewalt« nicht etwas anmaßend? Macht er die Medien nicht wichtiger, als sie sind, oder mächtiger, als sie sein sollten? Ist nicht im Übrigen »Gewalt« zwingender und direkter als »Macht«? Und woher nehmen Journalistinnen und Journalisten das Recht, Zwang auszuüben oder sich als Kontrolleure aufzuführen – wer hat sie dazu legitimiert?

Solche Zweifel sind verständlich. »Journalist« kann sich schließlich jeder nennen. Die Medien müssen sich weder dem Wahlvolk noch sonst einer Kontrollinstanz gegenüber verantworten, von recht schwachen Organen der Selbstkontrolle wie dem Presserat einmal abgesehen. »Wer kontrolliert eigentlich die Kontrolleure?«, fragen deshalb Medienkritiker. Die Antwort darauf mag manche nicht zufriedenstellen, sie entspricht aber der Logik einer offenen Mediengesellschaft: Es ist wiederum die Öffentlichkeit (und damit in Teilen der Journalismus selbst), die in einem freien Austausch auch die einzelnen Beiträge der Medien überprüfen und kritisieren muss. Daran sind in der digitalen Welt außer Journalistinnen und Journalisten weitere Akteure beteiligt, neben Organisationen der Zivilgesellschaft beispielsweise einzelne Bürgerinnen und Bürger, die sich jederzeit im Internet zu Wort melden können.

Noch immer ruhen allerdings besondere Hoffnungen auf der Arbeit professioneller Redaktionen. Denn sie sind darauf spezialisiert, »Öffentlichkeit als gesellschaftlichen Auftrag« (Pöttker 2001) anzunehmen und das Publikum kontinuierlich mit Informationen und Diskussionen zu versorgen. Das ist ihr Job.

Journalismus stellt Öffentlichkeit her. Mit dieser Aufgabe ist er fortwährend beschäftigt. Damit leistet Journalismus, etwas pathetisch ausgedrückt, einen Dienst an der Demokratie.

Der Zwang, den der Journalismus ausübt, ist nicht zu vergleichen mit dem Gewaltmonopol, das der Staat besitzt: Dieser (bzw. die Polizei) kann Menschen festnehmen lassen und Gerichte können eine Haftstrafe verhängen. Das kann der Journalismus nicht. Die Macht der Medien und die Gewalt, die sie in einem eher übertragenen Sinne ausüben, ist dennoch nicht zu unterschätzen. Was und wie etwas berichtet wird, kann großen Einfluss auf das Schicksal einzelner Menschen und Gruppen, aber auch auf den Kurs der Politik und der Gesellschaft haben.

Es ist keineswegs so, dass nur die Medien selbst sich so wichtig nehmen und ihre Mitarbeiterinnen und Mitarbeiter sich eigenmächtig zu Kritikern und Kontrolleuren aufschwingen würden. Diese Rolle

1 »Demokratie stirbt in der Dunkelheit«: Die Vierte Gewalt

wird ihnen vom Verfassungsrecht und von der Demokratietheorie ausdrücklich zugebilligt und zugewiesen. So betonen die höchsten Gerichte in liberalen Demokratien wie der Bundesrepublik oder den USA immer wieder die zentrale Bedeutung der Presse- und Meinungsfreiheit und den herausgehobenen Platz, den der Journalismus in der gesellschaftlichen Kommunikation einnimmt. So hat es das Bundesverfassungsgericht in seinem historischen Urteil zur *Spiegel*-Affäre ausgedrückt:

»Eine freie, nicht von der öffentlichen Gewalt gelenkte, keiner Zensur unterworfene Presse ist ein Wesenselement des freiheitlichen Staates; insbesondere ist eine freie, regelmäßig erscheinende politische Presse für die moderne Demokratie unentbehrlich. Soll der Bürger politische Entscheidungen treffen, muss er umfassend informiert sein, aber auch die Meinungen kennen und gegeneinander abwägen können, die andere sich gebildet haben. Die Presse hält diese ständige Diskussion in Gang; sie beschafft die Informationen, nimmt selbst dazu Stellung und wirkt damit als orientierende Kraft in der öffentlichen Auseinandersetzung. In ihr artikuliert sich die öffentliche Meinung; die Argumente klären sich in Rede und Gegenrede, gewinnen deutliche Konturen und erleichtern so dem Bürger Urteil und Entscheidung. In der repräsentativen Demokratie steht die Presse zugleich als ständiges Verbindungs- und Kontrollorgan zwischen dem Volk und seinen gewählten Vertretern in Parlament und Regierung.« (Bundesverfassungsgericht, »*Spiegel*-Urteil«, BVerfGE 20, 162, 1966)

Aus dieser »öffentliche Aufgabe« der Presse, wie die Richter es nannten, erklärt sich, warum Journalistinnen und Journalisten ein paar Vorrechte besitzen. Sie können von den Behörden Auskünfte verlangen und sie dürfen ihre zum Teil vertraulichen Quellen vor Ermittlern und Gerichten schützen. Sie haben auf der anderen Seite auch Pflichten: In ihrer Arbeit besteht für Journalisten eine sogenannte Sorgfaltspflicht. Sie müssen Nachrichten prüfen, bevor sie diese weiterverbreiten. Sie müssen aufpassen, keine Gerüchte oder falschen Informationen zu streuen. Sonst verwandelt sich ihr Dienst an der Demokratie in einen Bärendienst.

Wer für die Medien arbeitet, kann sich nicht nach Belieben auf die Pressefreiheit berufen. Wenn andere Rechtsgüter betroffen sind, muss abgewogen werden, was mehr Gewicht hat. Und lediglich die Erfüllung der öffentlichen Aufgabe rechtfertigt bestimmte Vorrechte. So hat es das Bundesverfassungsgericht in dem zitierten Urteil betont: »Die in gewisser Hinsicht bevorzugte Stellung der Presseangehörigen ist ihnen um ihrer Aufgabe willen und nur im Rahmen dieser Aufgabe eingeräumt. Es handelt sich nicht um persönliche Privilegien«.

Vor allem bei der Kritik und Kontrolle politischer Akteure haben die Medien in liberalen Demokratien große Freiheiten. Aber selbst hier wird um den genauen Verlauf der Grenzen immer wieder gerungen und es ist keineswegs so, dass sich der Journalismus alles erlauben könnte.

Kraft zur Aufklärung: Die Watergate-Affäre

Einer der Schlüsselmomente für den modernen Journalismus ist bis heute die Watergate-Affäre, die 1974 zum Rücktritt des US-Präsidenten Richard Nixon führte. Auch wenn es nicht allein die Presse war, die den Sturz des Politikers bewirkte, hat die Affäre eindrücklich klar gemacht, welche Kraft im Journalismus steckt. Zwei Reporter der *Washington Post*, Bob Woodward und Carl Bernstein, wurden zu Helden des investigativen Journalismus, eines Journalismus also, der Skandale und Missstände aufspürt und untersucht. Der Spielfilm *All the President's Men* (»Die Unbestechlichen«, 1976) mit Dustin Hoffman und Robert Redford in den Hauptrollen machte die beiden Journalisten schon früh zu lebenden Legenden.

Der republikanische Präsident hatte versucht, seine Gegner von der Demokratischen Partei mit schmutzigen Mitteln zu besiegen. Dazu gehörten illegale Bespitzelungen und ein Einbruch in die Parteizentrale der Demokraten, den sogenannten Watergate-Gebäudekomplex in Washington. Mit Hilfe eines geheimnisumwitterten Informanten enthüllten Woodward und Bernstein die Machenschaften Nixons, ihre Berichterstattung erschütterte Amerika und die Welt.

Dass Geschichten von Schurken (Präsident Nixon) und Helden (die Journalisten) das reale Geschehen gern verkürzen und verklären, ändert nichts an der großen Leistung der beiden Reporter. Auch bei der Watergate-Affäre waren es keineswegs nur diese zwei Männer, die wie David-Zwillinge den Präsidenten-Goliath zur Strecke brachten. Die Redaktion der Hauptstadt-Zeitung stand hinter ihnen, dazu kam der sehr wichtige Informant, der lange nur unter dem Decknamen »Deep Throat« bekannt war und dessen Identität die Öffentlichkeit erst Jahrzehnte nach dem Skandal erfuhr: Mark Felt, ein leitender FBI-Ermittler. Außer der Zeitung recherchierten die Behörden und schließlich auch die Abgeordneten im US-Kongress. Der Journalismus ist eine eigene Kraft, die aber mit anderen Kräften der Gesellschaft in Wechselwirkung tritt. Nicht immer erwächst daraus Gutes. Doch Watergate ist – wie manch andere bedeutsame Enthüllung – ein Beispiel dafür, dass die Medien tatsächlich zur Aufklärung beitragen und als Vierte Gewalt der Demokratie dienen können.

»Democracy dies in darkness«

Als einer der Watergate-Enthüller blieb Bob Woodward dem Journalismus auch im hohen Alter treu. Noch während der Präsidentschaft von Donald Trump lieferte er Einblicke ins Innenleben des Weißen Hauses. Seine Erfahrung und Berühmtheit mögen geholfen haben, Türen zu öffnen, die sonst verschlossen geblieben wären. Allerdings dürften diejenigen, die etwas zu verbergen haben, besonders auf der Hut sein, wenn sie einen Namen wie »Woodward« auch nur hören. Journalisten seines Schlages zerren ans Licht, was andere im Dunkeln lassen wollen.

»Democracy dies in darkness«, die Demokratie stirbt im Dunkeln: Diesen Slogan, den Woodward schon Jahre zuvor verwendet (aber nicht erfunden) haben soll, schrieb sich seine Zeitung im Jahr 2017 buchstäblich auf die Fahnen. Die Washington Post setzte den Slogan unter ihren Namen auf den sogenannten Zeitungskopf. Seitdem steht er dort – auch online – in einer Mischung aus Mahnung, Ansporn und Appell. Und natürlich war es kein Zufall, dass die Redaktion sich ausgerechnet in dem Jahr dahinter versammelte, in dem in Gestalt von Donald Trump ein US-Präsident sein Amt antrat, der wie kein anderer zuvor die Presse attackierte und Zeitungen und Fernsehsender, die kritisch über ihn berichteten, als »Fake News Media« beschimpfte und sogar zu »Feinden des Volkes« erklärte.

Sich nicht den Mund verbieten lassen, unabhängig und kritisch bleiben, über Fehler und Missstände berichten – das gehört zum Credo eines freien und selbstbewussten Journalismus. Er recherchiert auch gegen Widerstände. So wird er zum Wächter der Demokratie (»Watchdog«, Wachhund).

Die Demokratie stirbt, wenn niemand hinschaut. Sie stirbt, wenn Politiker, Unternehmer, Vereine und Verbände machen können, was sie wollen, ohne dass der Scheinwerfer der öffentlichen Aufmerksamkeit ihre Fehler und ihr Fehlverhalten beleuchtet.

Es gibt viele Gründe, warum Dinge geheim gehalten werden – und nicht immer stecken böse Absichten oder verwerfliche Handlungen dahinter. Der Schutz der Privatsphäre, aber auch das Funktionieren diplomatischer Missionen in der Politik sind auf Vertraulichkeit angewiesen. Beratungen, in denen keine »Schaufenster-Reden« gehalten, sondern ernsthaft gesprochen und ergebnisoffen nachgedacht werden soll, können unter Umständen hinter verschlossenen Türen besser funktionieren als auf einem öffentlichen Forum. Auch der Journalismus selbst ist darauf angewiesen, Geheimnisse zu hüten, beispielsweise wenn es um interne Absprachen der Redaktion oder um die Herkunft einer sensiblen Information geht. Die Vorstellung, in einer Demokratie müsse es zu jeder Zeit vollständige Transparenz über alles und jeden geben, ist gefährlich. Totale Transparenz würde den liberalen Rechtsstaat zerstören und vermutlich in einem totalitären System enden. Die Öffentlichkeit wäre Fluch, nicht Segen. Sie würde sich in eine Tyrannei verwandeln.

Durch diese Einschränkung wird der Slogan »Democracy dies in darkness« aber nicht falsch. Die Philosophie der Aufklärung bediente sich im 18. Jahrhundert der Lichtmetapher, um die Bedeutung von Vernunft und Kritik in ein Bild zu bringen. Bereits das Wort »Aufklärung« verweist auf ein Erhellen des Düsteren. Der Freiheit des Denkens und Diskutierens steht die Finsternis von Zwang und Unterdrückung entgegen. Demokratie ist an Öffentlichkeit gebunden: Es braucht die ständige öffentliche Diskussion, das Hin und Her der Argumente, das Für und Wider. Es braucht gemeinsames Nachdenken und Streiten, und es braucht kollektives Lernen. Wichtige Entscheidungen müssen von den zuständigen Organen und Gremien kontrolliert werden können. Dafür gibt es im demokratischen Rechtsstaat die Parlamente mit ihren Ausschüssen, die Regierung mit diversen Behörden und Prüfstellen und schließlich noch die Strukturen der Justiz mit ihren unabhängigen Gerichten. Dazu kommt der Journalismus. In Ausnahmefällen kann er sogar dort ein Licht anzünden, wo es sonst notorisch düster bleibt, beispielsweise im Apparat der Geheimdienste oder im Dickicht internationaler Finanzgeschäfte. Steht Großes auf dem Spiel, das die Bürgerinnen und Bürger erfahren sollten, um als Souverän agieren zu können, hat das öffentliche Interesse mehr Gewicht als der staatliche Geheimschutz oder die Rechte und Interessen einzelner Personen oder Firmen.

Wo beginnt der Bereich, der für den Journalismus tabu ist? Dass zwischen dem Tabubereich und dem Raum der Öffentlichkeit eine konfliktreiche Zone entstehen kann, in der darum gerungen wird, was die Medien dürfen und was nicht, liegt auf der Hand. In dieser Zone kann sich entscheiden, wie frei die Presse wirklich ist. In dieser Zone kann sich aber auch entscheiden, wie verantwortungsvoll Journalisten mit heiklen Themen und sensiblem Material umgehen.

In der Geschichte liberaler Demokratien haben immer wieder Gerichte diese Konflikte einhegen und die Spielräume des Journalismus definieren müssen. Eine sehr wichtige Entscheidung fiel in den USA kurze Zeit vor der Watergate-Affäre im Zusammenhang mit den

»Pentagon Papers« (1971). Auch hier war die *Washington Post* beteiligt, maßgeblich zudem die *New York Times* sowie ein Whistleblower, also ein Informant mit Insiderwissen, namens Daniel Ellsberg. Er hatte als Mitarbeiter der Rand Corporation – eines »Think Tanks«, der das US-Verteidigungsministerium beriet – Zugang zu vertraulichen Dokumenten der US-Regierung über den Vietnam-Krieg. Aus diesen Papieren, die den Redaktionen in mühseligen Kopieraktionen zugänglich gemacht wurden (kleine Datensticks und das Internet gab es ja noch nicht), ging kurz gesagt hervor, dass die US-Regierung die Öffentlichkeit jahrelang über den Kriegsverlauf in Vietnam und die Aussichten, diesen Krieg zu gewinnen, getäuscht hatte. Das musste ans Licht! Wer solche Informationen nicht veröffentlicht, würde seinen Job als Journalist nicht beherrschen.

In den Redaktionen schwitzten sie trotzdem Blut und Wasser. Denn es war keineswegs klar, ob sie das Material verwenden durften, rein rechtlich gesehen. Zunächst hatte ein Gericht die Veröffentlichung verboten. Außer der Wahrung von Persönlichkeitsrechten (Schutz vor Beleidigung, Verleumdung usw.) gehört der Schutz des Staates vor Spionage, Terrorismus und Landesverrat zu den typischen Begründungen für Einschränkungen in der Kommunikation – sogar in liberalen Demokratien. So war es zunächst auch hier. Das Gericht sah den »Espionage Act« betroffen, ein Anti-Spionage-Gesetz aus dem Jahr 1917. Unter anderem aufgrund dieses Gesetzes, mit dem sich die USA vor der Spionage feindlicher Mächte schützen wollen, müssen Whistleblower wie Daniel Ellsberg oder Edward Snowden mit langen Haftstrafen rechnen, wenn sie erwischt werden.

Snowden hatte 2013 eine ungeheure Menge an Dokumenten über die teilweise höchst zweifelhaften Praktiken des US-Geheimdienstes NSA heruntergeladen und mit Journalisten geteilt. Weil ihm in den USA ein Prozess gemacht worden wäre, wich Snowden ins Ausland aus. Unter abenteuerlichen Umständen traf er sich zunächst mit Journalisten in Hongkong, anschließend begab er sich auf die Flucht. Dabei landete er in Moskau, seit Jahren lebt er im Exil in Russland. Der ursprüngliche Plan, in ein anderes Land zu flüchten, beispielsweise nach Island, ging nicht auf. Auch Snowdens Wunsch, nach Deutschland zu kommen, wurde nicht erfüllt. Den Whistleblower sicher in der Bundesrepublik unterzubringen, hätte bedeutet, in einen scharfen Konflikt mit den USA zu treten. Einen solchen Konflikt scheute die Bundesregierung.

> **Fall Assange: Jahrelang eingesperrt**
> Auch der Fall von Julian Assange zeigt, wie gefährlich Veröffentlichungen staatlicher Geheimpapiere für Informanten und Journalisten werden können. Assange droht in den USA ein Prozess und die Verurteilung zu einer langen Haftstrafe. Ihm wird vorgeworfen, dass seine Organisation Wikileaks, die als internationale Rechercheplattform aufgebaut ist, brisante US-Regierungsdokumente in Umlauf gebracht hat, unter anderem über die Kriege in Afghanistan und im Irak. Jahrelang saß Assange in London in der ecuadorianischen Botschaft fest, die ihm Asyl gewährte. Schließlich wurde er festgenommen und in ein britisches Untersuchungsgefängnis gebracht. Ein Gericht in London entschied, dass er vorerst nicht in die USA ausgeliefert werden könne. Es wies die Ansicht von Menschrechtsorganisationen zurück, dass Assange als Journalist gehandelt habe und daher besonderen Schutz verdiene. Kritiker von Wikileaks vertreten den Standpunkt, Assange sei gar kein Journalist, sondern ein Aktivist, der sich rechtswidriger Methoden bediene.

Auch wenn Leute wie Edward Snowden oder Julian Assange mit den digitalen Mitteln des 21. Jahrhunderts arbeiten, erinnert ihr Vorgehen an den einsamen Mut von Daniel Ellsberg, den Whistleblower aus den frühen 1970er Jahren. Wie diese setzte er sich über Geheimschutz-Bestimmungen hinweg und berief sich auf ein höherrangiges öffentliches Interesse. Er wurde dennoch wegen Spionage angeklagt. Dass er nicht verurteilt wurde, lag daran, dass die Behörden illegale Ermittlungsmethoden angewendet hatten. Agenten waren in die Praxis von Ellsbergs Therapeuten eingebrochen.

Nicht nur für Ellsberg ging das Ringen um die »Pentagon Papers« am Ende gut aus. In einer historischen Entscheidung erlaubte das Oberste Gericht in den USA doch noch die Veröffentlichung – ein fulminanter Sieg für die Pressefreiheit. Von fast schon poetischer Kraft und Schönheit sind die Sätze, mit denen einer der Richter, Justice Hugo Black, die Veröffentlichung nicht nur als Recht der Reporter darstellte, sondern fast schon zur Pflicht erklärte. Es sind Sätze von grundsätzlicher Bedeutung für die Rolle der Medien als Vierter Gewalt:

> »In the First Amendment the Founding Fathers gave the free press the protection it must have to fulfill its essential role in our democracy. The press was to serve the governed, not the governors. (...) Only a free and unrestrained press can effectively expose deception in government. And paramount among the responsibilities of a free press is the duty to prevent any part of the government from deceiving the people and sending them off to distant lands to die of foreign fevers and foreign shot and shell. (...) In revealing the workings of government that led to the Vietnam war, the newspapers nobly did precisely that which the Founders hoped and trusted they would do.« (Supreme Court Justice Hugo Black, New York Times Co. vs. United States, 403 U.S. 713, 1971)

Über das dramatische juristische und journalistische Ringen um die »Pentagon Papers« hat der Regisseur Steven Spielberg einen Spielfilm gedreht: *The Post* (»Die Verlegerin«, 2017). Auch dieser Film trägt, wie *All the President's Men* über Watergate, zur Heroisierung des investigativen Journalismus bei. Das kann man kritisch sehen, weil Journalistinnen und Journalisten keine Helden sein müssen, sondern professionell handelnde Vertreter eines Berufs, zu dessen Auftrag die Kritik und Kontrolle der Mächtigen gehört. Aber ist es so schlimm, wenn Erfolgsgeschichten das Besondere dieses Berufs hervorheben und den Jüngeren einen Ansporn liefern, genau hinzuschauen und Missstände freizulegen?

Noch etwas zeigen die genannten Fälle und Filme sehr klar und zutreffend: Auch in der Demokratie ist die Freiheit der Presse umkämpft. Auch in der Demokratie muss sich der kritische Journalismus immer wieder bewähren. Er fordert andere heraus und wird selbst herausgefordert. Das war und ist nicht nur in den USA so, sondern auch in Deutschland. Was für die Amerikaner die »Pentagon Papers« und die Watergate-Affäre waren, das war in der frühen Bundesrepublik die sogenannte *Spiegel*-Affäre.

> **»Bedingt abwehrbereit«** – **die *Spiegel*-Affäre**
> In der noch jungen Demokratie der Bundesrepublik erregten 1962 Ermittlungen gegen den *Spiegel* Aufsehen. Mehrere Mitarbeiter des Nachrichtenmagazins kamen in Untersuchungshaft, darunter der Herausgeber Rudolf Augstein. Unter der Überschrift »Bedingt abwehrbereit« hatte die Redaktion eine Titelgeschichte über die Verteidigungspolitik veröffentlicht und den Verteidigungsminister Franz Josef Strauß (CSU) kritisiert. Die Journalisten nutzten auch Hinweise eines Informanten. Der Vorwurf des Generalbundesanwalts lautete: Landesverrat. Am Abend des 26. Oktober 1962 drangen Polizisten in die Redaktionsräume ein. Bundeskanzler Konrad Adenauer (CDU) stellte sich hinter die Aktion und trug mit einer Vorverurteilung zur Eskalation bei. Im Bundestag sagte er, man habe es mit einem »Abgrund von Landesverrat« zu tun. Bürgerinnen und Bürger demonstrierten für die Pressefreiheit. Die Affäre endete mit einer herben Niederlage für die Regierung und die Ermittler. Der Bundesgerichtshof verwarf die Anklage, die Journalisten kamen frei. Strauß verlor sein Ministeramt.
> Später befasste sich noch das Bundesverfassungsgericht mit dem Fall, es musste entscheiden, ob die Durchsuchung der Redaktion rechtmäßig war. Dies bejahte das Gericht zwar am 5. August 1966, wenn auch nur mit einem Patt von vier zu vier Richterstimmen. Weitreichend waren aber die von allen mitgetragenen Ausführungen zur Rolle der Medien, mit denen das Gericht die Pressefreiheit stärkte. In weiteren Entscheidungen setzte das Gericht diese Linie in den folgenden Jahrzehnten fort. Die Behörden wagten es lange Zeit nicht mehr, gegen Journalisten den Vorwurf des Landesverrats nach § 94 StGB zu erheben. Im Mai 2015 wurde dann aber ein entsprechendes Verfahren gegen zwei

Journalisten des Internet-Magazins *netzpolitik.org* in Gang gesetzt. Sie hatten über vertrauliche Akten des Bundesamts für Verfassungsschutz berichtet. Auch hier regte sich Protest gegen die Ermittlungen. Bundesjustizminister Heiko Maas (SPD) machte deutlich, dass er den Vorwurf für abwegig halte; auch Kanzlerin Angela Merkel (CDU) ging auf Distanz. Generalbundesanwalt Harald Range wurde in den Ruhestand geschickt, das Verfahren gegen die Journalisten eingestellt (vgl. Schultz 2018).

Abb. 1: Freiburger Studenten demonstrieren im Zuge der *Spiegel*-Affäre am 16.11.1962 gegen Strauß (Foto: Landesarchiv Baden-Württemberg, Willy Pragher; CC BY 3.0).

Enthüllungen in Deutschland

Der Ausgang der *Spiegel*-Affäre hat die Presse der Bundesrepublik darin bestärkt, dass eine kritische Berichterstattung nicht nur möglich ist, sondern von vielen Bürgerinnen und Bürgern geschätzt und verlangt wird. In den folgenden Jahrzehnten haben die Medien immer wieder größere und kleinere Skandale in Politik und Wirtschaft, Kirche, Sport und Gesellschaft offengelegt. Teilweise kann darüber gestritten werden, wie skandalös eine Enthüllung wirklich war. Dass die Medien zu Übertreibungen neigen, zeigt nicht nur die Journalismus- und die Skandalforschung. Es ist auch die schmerzhafte Erfahrung von Menschen, die zu den »Opfern der Mediengesellschaft« (Jackob 2018) gehören (▸ Kap. 5).

Die Vierte Gewalt kann befreiend, aber auch brutal sein. Wer ihre Kraft und ihre Macht zu spüren bekommt, wird Schwierigkeiten haben zu verstehen, warum die Kommunikationswissenschaft hin und her debattiert, ob und wie die Medien »wirken«. So viel ist sicher: Für Einzelne können Medienberichte enorme Konsequenzen haben: Verlust von Ansehen und Ämtern, Strafverfahren und Gefängnis, Ruhm und Ehre oder Schimpf und Schande.

Damit kein Missverständnis aufkommt: Der Grund, weshalb sich die Wissenschaft so viel und so lange mit der Suche nach Medienwirkungen beschäftigt, liegt darin, dass es nicht trivial ist zu verstehen und zu bestimmen, welche Effekte (verschiedene) Medieninhalte auf das breite Publikum, auf bestimmte Gruppen oder Einzelpersonen als *Rezipienten* haben. Etwas anderes ist es, danach zu fragen, welche Konsequenzen es hat, wenn Einzelne (oder auch Gruppen) zum *Inhalt* und *Objekt* der (kritischen) Berichterstattung werden.

Ungezählte Prominente und Politiker, aber auch viele der Öffentlichkeit zuvor nicht bekannte Personen haben schon die Macht der Medien zu spüren bekommen. Einige von ihnen sicherlich zu Recht. In der Geschichte der Bundesrepublik hat es Affären gegeben, die Politik und Gesellschaft regelrecht erschüttert haben. Dazu gehört die Flick-Affäre in den 1980er Jahren, bei der es um verdeckte Parteispenden ging. Später endete die Ära des langjährigen Kanzlers Helmut Kohl ebenfalls mit einer Spendenaffäre der CDU. Im Laufe der Jahre sind noch viele andere Fälle von dubiosen oder kriminellen Geschäften aufgeflogen, während der Corona-Pandemie beispielsweise bei der Beschaffung von Schutzmasken (»Masken-Affäre«).

Manchmal haben Staatsanwälte bereits Ermittlungen aufgenommen, bevor die Medien berichten. Und manchmal läuft es umgekehrt: Die Medien decken mutmaßlich rechtswidrige Taten auf, anschließend beginnen die Behörden zu ermitteln. Die Berichterstattung baut Druck auf. Dazu kommt, dass viele Enthüllungen auch Fehler und Fehlverhalten betreffen können, die nicht mit juristischen, sondern mit moralischen oder politischen Maßstäben zu bewerten sind. Wenn die Politik und die Behörden zum Beispiel bei der Beschaffung von Impfstoffen in der Corona-Zeit geschlampt haben, geht es nicht um Rechtsverstöße, sondern um ein Versagen in der Organisation und im Management, das politisch, nicht juristisch verurteilt werden kann.

Oder die Missbrauchsskandale der Kirche: In vielen Fällen sind die Taten strafrechtlich verjährt. Dennoch haben die Opfer und die Gesellschaft ein Interesse an der Aufklärung und das moralisches Recht, die Taten zu thematisieren und die Verantwortlichen zu benennen. Auch wenn oft noch weitere Konsequenzen wünschenswert wären, erfüllt bereits das öffentliche Thematisieren von Missständen wichtige Funktionen. Es macht etwas sichtbar, das dann – hoffentlich – in Zukunft so nicht mehr passiert. Und es kann denen, die geschädigt wurden, zumindest eine gewisse Genugtuung verschaffen – und das Gefühl, dass ein erlittenes Unrecht zumindest anerkannt und nicht länger ignoriert wird.

Viele Enthüllungen haben erkennbare Folgen – und das nicht nur dann, wenn außer den Medien auch die Justiz tätig wird. In der Geschichte der Bundesrepublik sind etliche Minister und Staatssekretäre auf Landes- und Bundesebene zurückgetreten, Manager verloren ihren Job, Bischöfe ihr Amt. Rücktritte bedeuten nicht zwangsläufig das Ende einer Karriere, eine Zäsur für die Betroffenen sind sie allemal. Denn dazu kommen die Verluste im öffentlichen Ansehen, die sogar härter und schmerzhafter sein können als das Urteil eines Gerichts.

Wer erinnert sich noch an den Verteidigungsminister Karl-Theodor zu Guttenberg? Der Politiker war ein »Shooting Star« der CSU. Innerhalb weniger Jahre erreichte er erstaunliche Popularitätswerte und galt vielen schon als kommender Mann fürs Kanzleramt. Noch im Oktober 2010 setzte *Der Spiegel* den Minister und dessen Ehefrau aufs Titelbild und lieferte dazu in einer Mischung aus Ehrfurcht und Ironie die Zeile »Die fabelhaften Guttenbergs«. Wenige Monate später publizierte die *Süddeutsche Zeitung* (SZ) den ersten Bericht über Plagiate in Guttenbergs Doktorarbeit (Transparenzhinweis: Der Autor dieses Buches war damals Redakteur der SZ; gemeinsam mit seinem Kollegen Roland Preuß schrieb er über die Plagiatsaffäre). Die gesamte Presse stieg in die Berichterstattung ein, dazu ein Kreis von Wissenschaftlern, die im Internet ein Forum zur gemeinsamen Plagiatssuche gründeten (»Guttenplag Wiki«). In kurzer Zeit wurde die Dissertation zerlegt, bis klar war, dass diese Arbeit keinen Bestand haben konnte. Auch wegen eines dreisten oder ungeschickten Krisenmanagements geriet der Minister immer stärker unter Druck. Als sich auch aus den eigenen Reihen der Union die Ersten distanzierten, dauerte es nicht mehr lange: Guttenberg verlor nicht nur seinen Doktortitel (Jahre später erwarb er einen neuen an einer anderen Uni), sondern alle politischen Ämter. Er zog mit seiner Familie in die USA und abgesehen von vereinzelten Auftritten spielte Guttenberg in den folgenden Jahren keine Rolle mehr in der deutschen Politik.

Digital und international: Journalismus jenseits des Nationalstaats

Viele gesellschaftliche Probleme halten sich nicht an nationale Grenzen. Klimakrise, Umweltschäden, Flucht vor Krieg und Elend, Waffenhandel, Steuerhinterziehung, Terrorismus, organisierte Kriminalität ... – die besonders herausfordernden Themen haben eine internationale oder transnationale Dimension. Dennoch orientieren sich Medien und Öffentlichkeit auch im 21. Jahrhundert immer noch stark an einzelnen Nationen und Staaten. Umso interessanter sind Beispiele, die zeigen, dass mediale Projekte möglich sind, für die Journalistinnen und Journalisten aus verschiedenen Ländern zusammenarbeiten. Gemeinsam sind sie stärker. Gemeinsam heben sie die Vierte Gewalt auf eine internationale Ebene.

Berühmt wurden in diesem Zusammenhang 2016 die »Panama Papers«: Rund 400 Journalistinnen und Journalisten aus mehr als 70 Staaten recherchierten gemeinsam in einem Datenleck. Das Investigativteam der *SZ* hatte von einem Whistleblower Zugang zu einer gewaltigen Datenmenge aus einem windigen Unternehmen mit Sitz in Panama erhalten. In den Unterlagen zu Briefkastenfirmen und komplexen Finanzgeschäften fanden die Rechercheure Hinweise auf kriminelle Machenschaften (Geldwäsche, Drogen- und Waffendeals) sowie rechtlich angreifbare oder moralisch anrüchige Praktiken der Steuerflucht und Steuervermeidung. In den Dateien tauchten Prominente, Unternehmen und Politiker aus vielen Regionen der Welt auf. Die Reaktionen und Konsequenzen waren beachtlich: etliche Rücktritte von Amtsträgern und hochrangigen Politikern, Hunderte Ermittlungsverfahren und hohe Steuer-Nachzahlungen (nach Angaben der *SZ* weltweit mehr als eine Milliarde Dollar). In einigen Staaten lösten die Veröffentlichungen ein politisches Erdbeben aus: In Pakistan verlor Premierminister Nawaz Sharif sein Amt. In Island gingen zahleiche Menschen auf die Straße, der Regierungschef musste zurücktreten, weil er eine Briefkastenfirma, die ihm gehörte, dem Parlament verschwiegen hatte.

Die Identität der Whistleblower Daniel Ellsberg und Edward Snowden ist der Öffentlichkeit bekannt – Ellsberg ließ sich leicht enttarnen, Snowden entschied sich frühzeitig dafür, seine Anonymität aufzugeben, weil der Geheimdienst ohnehin erkannt hätte, um wen es sich handelte. Der Hintergrund der Quelle blieb dagegen im Falle der »Panama Papers« im Dunkeln. Müsste der Slogan »Demokratie stirbt in der Dunkelheit« nicht auch für sie und generell für alle Informanten gelten? Besteht nicht ansonsten die Gefahr, dass die Medien von finsteren Mächten instrumentalisiert werden?

Diese Gefahr ist erfahrenen Enthüllungsjournalisten bewusst. Sie bemühen sich darum, die Glaubwürdigkeit ihrer Quellen einzuschätzen und, wenn möglich, mehr über die Identität und die Motive eines Informanten zu erfahren. Ohne belastbare Belege und Absicherungen können sie Behauptungen über angebliche Übel nicht veröffentlichen. In der Regel wissen sie, mit wem sie es zu tun haben, auch wenn die Medien sich zum Schutz einer Quelle dafür entscheiden, deren Namen zu verschweigen (Informantenschutz). Dieser Schutz kann für einige Personen lebenswichtig sein. In Ausnahmefällen wissen die Journalisten selbst nicht, wer hinter einer Geschichte steckt.

Wenn das Material, das ein Whistleblower liefert, nach allen Regeln der Recherchekunst überprüft und für authentisch und aussagekräftig eingeschätzt wird, tritt die Frage in den Hintergrund, von wem es stammt und welche Interessen der Akteur verfolgt – wenn der Inhalt so brisant ist, dass die Öffentlichkeit davon erfahren sollte. Es kommt dann nicht unbedingt darauf an, ob ein Informant aus edlen Motiven handelt. Es könnten zum Beispiel auch Rachegelüste, Eifersucht oder Geltungsdrang eine Rolle spielen. Entscheidend ist, ob stimmt, was ein Informant sagt und was er oder sie liefert.

Für die »Panama Papers« erhielten die SZ und der internationale Rechercheverbund ICIJ, mit dem die Daten geteilt worden waren, den Pulitzer-Preis, den wohl bekanntesten Journalistenpreis der Welt, benannt nach einem der Wegbereiter des modernen Journalismus in den USA, Joseph Pulitzer. Ohne die Einbindung der ICIJ-Journalisten wäre die SZ schon mit der schieren Menge an Daten überfordert gewesen. ICIJ steht für »International Consortium of Investigative

Journalists«. Die Organisation vernetzt aufs Recherchieren spezialisierte Journalistinnen und Journalisten weltweit. Sie finanziert sich unter anderem durch Stiftungsgelder und hat einen kleinen Pool eigener Mitarbeiter. Die meisten Mitglieder arbeiten jedoch, wie die SZ-Reporter, hauptberuflich für ein anderes Medium.

Außer mit den »Panama Papers« sind das ICIJ und seine Medienpartner noch mit etlichen anderen Enthüllungen an die Öffentlichkeit getreten, nicht zuletzt zu weiteren Fällen dubioser Finanzströme. In den vergangenen Jahren ist zudem eine Reihe weiterer Organisationen entstanden, die Redaktionen aus verschiedenen Staaten für länderübergreifende Recherchen zusammenbringen.

Auch auf nationaler Ebene arbeiten unterschiedliche Medien mittlerweile regelmäßig zusammen, um Kräfte zu bündeln. So gewinnen sie mehr Macht und Einfluss in ihren Recherchen und ihrer Berichterstattung. Besonders bekannt ist der Rechercheverbund von NDR, WDR und SZ, ein Verbund der Rechercheeinheiten von zwei öffentlich-rechtlichen Sendern und einer Tageszeitung. Die Partner bleiben zwar eigenständig und kooperieren nur projektbezogen. Ihre Projekte können aber durch den Austausch von Erkenntnissen sowie zeitlich und crossmedial aufeinander abgestimmte Veröffentlichungen eine besondere Wucht entfalten. Kritiker werfen den Beteiligten vor, kartellartige Strukturen zu bilden und dabei die Grenzen zwischen privater Presse und öffentlich-rechtlichem Rundfunk zu verwischen. Verteidiger des Verbunds betonen dessen flexiblen Charakter, die fortbestehende Autonomie der Partner und den Zugewinn an Recherchekraft, der nötig sei, um sich gegen Widerstände mächtiger Akteure in Politik, Wirtschaft und Gesellschaft durchzusetzen.

Eine Zusammenarbeit zwischen Zeitungs- und Rundfunkredaktionen gab es, zumindest punktuell, in den vergangenen Jahren auch in anderen Konstellationen, zum Beispiel zwischen MDR und *FAZ* bei einer Recherche über die Mafia oder zwischen dem ZDF, dem Schweizer Fernsehen (SRF) und der *Washington Post* bei einer Recherche über die Geheimdienst-Operation »Rubikon«.

Mitunter kooperieren sogar direkte Konkurrenten: So war es 2019 bei der Berichterstattung des *Spiegels* und der *SZ* im Falle des spektakulären »Ibiza-Videos« über den FPÖ-Politiker Heinz-Christian Strache. Er verlor nach der Veröffentlichung sein Amt als Vizekanzler von Österreich. Das Video war heimlich in einer Villa auf Ibiza gedreht worden. Es zeigte Strache in Gesprächen mit einer vermeintlichen russischen Oligarchen-Nichte. Das Gespräch ließ sich so deuten, dass Strache bereit gewesen wäre, sich auf krumme Geschäfte einzulassen, eine österreichische Zeitung unter die Kontrolle der Oligarchin zu bringen und andere Formen der Einflussnahme auf politische Entscheidungen in Aussicht zu stellen. In Reaktion auf die Berichterstattung bestritt Strache den Vorwurf, Offenheit für Korruption signalisiert zu haben. Aber der Eindruck war zu verheerend und Strache politisch nicht mehr zu halten.

Das brisante Filmmaterial war nicht von den Journalisten gedreht worden, es wurde sowohl der *SZ* als auch dem *Spiegel* zugespielt. Beide Redaktionen betonen, es sei kein Geld dafür bezahlt worden. Die Publikation stellte die Beteiligten vor schwierige Fragen, immerhin ging es hier auch um verletzte Persönlichkeitsrechte: Der Politiker war ohne sein Wissen und ohne sein Einverständnis gefilmt worden. Die Redaktionen entschieden sich angesichts der hohen Bedeutung des Falls für die Veröffentlichung, verzichteten aber darauf, das gesamte Material zu nutzen, und konzentrierten sich stattdessen auf solche Passagen, die sie für öffentlich relevant hielten. Aufgrund einer Strafanzeige gegen die Journalisten ermittelte zeitweise die Staatsanwaltschaft, stellte das Verfahren aber schließlich ein. Die journalistische Berichterstattung war nach Bewertung der Juristen von der Pressefreiheit gedeckt.

Recherche als Routine – und Kern des Journalismus

So spektakulär und folgenreich wie bei Watergate, den »Panama Papers« oder dem Ibiza-Video ist der Journalismus selten. Die meisten Recherchen erbringen keine sensationellen Ergebnisse, sind deshalb aber keineswegs unwichtig. Seinen Dienst an der Demokratie erfüllt der Journalismus nicht nur auf der großen nationalen oder internationalen Bühne, sondern ebenso im Lokalen: beim beharrlichen Nachhaken zur Politik eines Gemeinderats, beim Aufdecken von Vetternwirtschaft im Zuge eines Bauauftrags oder bei der Berichterstattung über Mobbing in einem Sportverein. Seinen Dienst an der Demokratie erfüllt der Journalismus nicht nur bei Vorzeige-Projekten, für die über Wochen hinweg Reporter freigestellt werden, sondern ebenso im Alltag, etwa beim peniblen Überprüfen von Meldungen, dem Einholen seriöser Expertenstimmen, der Suche nach einem passenden Beispiel für einen Service-Text.

Das Recherchieren gehört zum Kern der journalistischen Tätigkeit, es prägt nicht nur das Profil ausgewiesener Enthüllungsjournalisten, die Vergrabenes an die Oberfläche bringen. Kein Journalismus ohne Recherche. Das gilt bereits für jede kleine Meldung. Die Welt der Kommunikation ist gefüllt mit schnell gefassten Meinungen, Bekenntnissen, Behauptungen. Mit Memes, Slogans und Parolen. Der Journalismus muss dafür sorgen, dass es solide Informationen gibt.

Das Wort Recherche bedeutet Nachforschung oder Ermittlung. Im Journalismus bezeichnet es das systematische Stellen und Beantworten von Fragen zu relevanten Themen. Dieses Fragen, Antwortgeben und Weiterfragen soll sich durch die gesamte journalistische Tätigkeit ziehen. Journalismus, der seiner Kritik- und Kontrollfunktion gerecht wird, recherchiert auch gegen Widerstände.

Nur wer beharrlich fragt, wird sich, um Antworten zu finden, durch dicke Akten wühlen. Nur wer es genau wissen will, wird so viele Zeugen und Quellen wie möglich suchen und ein Ereignis genau rekonstruieren. Nur wer nicht schon alles zu wissen glaubt, wird sich darauf einlassen, tief in Situationen, Berufe oder Milieus einzutauchen, um die Welt zu verstehen – und für das Publikum verständlich zu machen.

Recherche ist auch Einstellungssache. Man muss es wollen. Wer journalistisch arbeitet, muss neugierig bleiben, fleißig, hartnäckig. Im

Journalismus ist pausenlos zu recherchieren. Welches Thema ist wichtig und warum? Wie funktioniert etwas? Wem nützt etwas? Woher kommt das Geld? Welche Information stimmt, welche nicht? Was fehlt? Was könnte übersehen worden sein? Als Journalist muss ich mich dabei ständig selbst überprüfen und hinterfragen: Bin ich voreingenommen? Habe ich mich in eine bestimmte These verbissen? Bin ich fair?

Mit beharrlichem Fragen und Weiterfragen und der Suche nach möglichst guten Antworten können Reporterinnen und Reporter nicht nur ihren eigenen Wissensdurst stillen. Sie fragen und suchen stellvertretend für ihr Publikum und die Bürgerinnen und Bürger. Auch hier erweist sich der Job, gewissenhaft ausgeübt, als Dienst an der Demokratie.

Journalismus und Gemeinwohl

Wenn Journalismus kein gewöhnliches »Business« ist, sondern einem gesellschaftlichen Auftrag folgt, so geht damit die Erwartung einher, dass sich die Berichterstattung am Gemeinwohl orientiert – und nicht etwa an den Interessen irgendwelcher Lobbygruppen. Diese hehre Vorstellung kann man sogleich hinterfragen: Sind die Medien nicht abhängig von ihren Eigentümern, von Anzeigenkunden und von ihren Rezipienten (Abonnenten)? Orientieren sie sich nicht eher am Geschmack der Massen oder Zielgruppen denn am Gemeinwohl? Gibt es nicht diverse Einflüsse und Einflussnahmen auf die Berichterstattung?

Nehmen wir den Slogan »Democracy dies in darkness« der *Washington Post* beim Wort – ein Motto, das einige ohnehin für großspurig halten dürften (der Chefredakteur der *New York Times* sagte, ihn erinnere der Slogan an den Titel eines Batman-Films): Wie weit geht denn bei der *Post* der Enthüllungseifer, wenn es um das Unternehmen Amazon geht? Wie viel Licht lässt die Zeitung zu? Dazu muss man wissen, dass die *Washington Post* vor einigen Jahren vom Amazon-Gründer Jeff Bezos gekauft wurde. Und auch wenn der Verlag und die Redaktion nicht direkt in das Amazon-Reich integriert wurden, ist doch offensichtlich, dass ein Interessenskonflikt entstehen kann, wenn die Zeitung über Missstände beim Online-Händler berichtet.

Nun gilt die Redaktion der *Washington Post* zwar als stark und selbstbewusst, und ein Eigentümer ist gut beraten, keinen direkten Einfluss auszuüben. Darunter würde ja, sobald es nach außen dringt, sofort der Ruf der Zeitung leiden – und das Vertrauen der Leserinnen und Leser schwinden. Die Redaktion gibt sich tatsächlich Mühe, Bezos nicht anders zu behandeln als andere Personen von öffentlichem Interesse. Als im Juni 2021 herauskam, dass er trotz immenser Einnahmen nur eine äußerst geringe Summe als Einkommensteuer bezahlt haben soll, berichtete seine eigene Zeitung darüber offen, sachlich und distanziert. Aber was wäre, wenn es hart auf hart käme: Hätte die *Post* die Freiheit, eine Spitze nach der anderen gegen ihren Eigentümer oder dessen Unternehmen zu setzen? Dürfte sie eine aufwendige Serie produzieren, die Amazon gezielt angreift und womöglich in massive Schwierigkeiten brächte? Man stelle sich vor, die Redaktion würde gemeinsam mit einer Produktionsfirma einen mehrteiligen Dokumentarfilm über die dunkle Seite des Amazon-Konzerns drehen wollen, begleitend zu einer kritischen Artikelserie – ob dieser Film bei »Amazon Prime« vermarktet und ausgestrahlt werden könnte? Schwer vorstellbar.

Man sieht: Selbst dann, wenn im Normalmodus die Eigentümer eine Redaktion in Ruhe lassen, gilt dies nur innerhalb eines bestimmten Rahmens. Die Freiheit ist nicht grenzenlos. Deshalb ist es so wichtig, eine möglichst vielfältige Medienlandschaft zu haben, mit vielen unterschiedlichen Akteuren und Besitzverhältnissen.

Szenarien wie das am Beispiel der *Washington Post* skizzierte lassen sich für viele Redaktionen durchspielen, auch in Ländern wie Italien, Frankreich oder Deutschland (wo zum Beispiel *Stern* und *Spiegel* zu Teilen dem Verlag Gruner + Jahr gehören, der wiederum Teil von Bertelsmann ist, einem Konzern, der mit der RTL-Gruppe auch TV-Sender betreibt). In Staaten, in denen sich die Regierenden oder mit ihnen verbundene Unternehmen der Medien bemächtigen, werden Eigentumsverflechtungen und gezielte Einflussnahmen auf Redaktionen zum großen Problem. Sie können der Pressefreiheit die Luft abschnüren. Die Gefahr droht nicht nur von Regierungen, sondern auch von Unternehmen und wirtschaftlichen Interessen.

Auch in freiheitlichen Systemen herrscht stets eine Spannung zwischen Autonomie und Fremdbestimmung. Zum Selbstverständnis professioneller Redaktionen gehört es, auf ihre Unabhängigkeit zu pochen, geschäftliche Interessen ihres Medienhauses in der Berichterstattung auszublenden und sich ihnen auf keinen Fall zu unterwerfen. Und sich auch sonst allen Versuchen von Akteuren zu widersetzen, der Redaktion zu drohen oder mit dieser ein Bündnis einzugehen, um sich in eine vorteilhafte Lage zu bringen und vor Kritik verschont zu werden.

> **Szene aus dem Spielfilm *Spotlight***
> Im Spielfilm *Spotlight*, der 2016 einen Oscar als bester Film gewann, gibt es eine wunderbare Szene, die das Selbstverständnis von Journalisten zeigt, die auf ihre Unabhängigkeit pochen. Der Film beruht auf einer wahren Begebenheit, auch dies eine journalistische Heldengeschichte: Um die Jahrtausendwende enthüllte die US-Zeitung *Boston Globe* Fälle sexuellen Missbrauchs in der katholischen Kirche und ein System der Vertuschung. Das Rechercheteam namens »Spotlight« wurde dafür mit dem Pulitzer-Preis ausgezeichnet. Forciert wurde die Arbeit durch den Chefredakteur Marty Baron, der neu in Boston war (später wechselte er als Chef zur *Washington Post*, wo unter seiner Ägide der Slogan »Democracy dies in darkness« eingeführt wurde). Die Filmszene: Marty Baron erscheint zum Antrittsbesuch beim Erzbischof von Boston, der offenbar schon Wind von den heiklen Recherchen der Zeitung bekommen hat. In seifigem Ton, halb schmeichelnd, halb drohend, sagt er zum Journalisten: Er glaube, diese Stadt erblühe, wenn alle ihre großen Institutionen zusammenarbeiten. Marty Baron versteht den Hinweis, lässt ihn abtropfen und antwortet kühl: »I am of

the opinion that for a paper to best perform its function it really needs to stand alone.« – »Ich bin der Meinung, damit eine Zeitung ihre Funktion am besten erfüllt, muss sie unabhängig sein.« Das sitzt. Der Erzbischof schaut pikiert.

Soll der Journalismus einen Dienst an der Demokratie leisten, ist seine Autonomie zentral. Was aber macht den Journalismus darüber hinaus aus, was definiert ihn? Dazu gibt es in der Wissenschaft eine Reihe von Vorschlägen. Etwas blumig sprach Richard Prutz, ein Pionier der Journalismusforschung im 19. Jahrhundert, von einer Art »Tagebuch« und einem »Selbstgespräch, welches die Zeit über sich selbst führt« (Prutz 1845, S. 7). Später drückten sich die Gelehrten prosaischer aus. Der Kommunikationswissenschaftler Manfred Rühl schrieb, Journalismus sei auf die »Herstellung und Bereitstellung von Themen zur öffentlichen Kommunikation« ausgerichtet (Rühl 1980, S. 323). Gängig ist heute auch der Begriff der »Selbstbeobachtung«. Demnach beobachtet sich die Gesellschaft mit Hilfe des Journalismus selbst – ein Gedanke, der in den Worten von Prutz (»Selbstgespräch«, »Tagebuch«) bereits angelegt war. Der Journalistik-Professor Klaus Meier bestimmt den Journalismus so:

> »Journalismus recherchiert, selektiert und präsentiert Themen, die neu, faktisch und relevant sind. Er stellt Öffentlichkeit her, indem er die Gesellschaft beobachtet, diese Beobachtung über periodische Medien einem Massenpublikum zur Verfügung stellt und dadurch eine gemeinsame Wirklichkeit konstruiert. Diese konstruierte Wirklichkeit bietet Orientierung in einer komplexen Welt.« (Meier 2018, S. 14)

So gut diese Definition ist, der Zusammenhang zur Demokratie und zur kritischen Öffentlichkeit kommt hier zu kurz. In der Hinsicht war sogar die poetisch angehauchte Darstellung von Prutz stärker an der Kritikfunktion des Journalismus orientiert, denn außer dem Vergleich mit einem Tagebuch schrieb er über den Journalismus: »Er ist die tägliche Selbstkritik, welcher die Zeit ihren eigenen Inhalt unterwirft« (Prutz 1845, S. 7). Hier ist – im 19. Jahrhundert, in dem die

Pressefreiheit noch stark eingeschränkt war – der Ruf nach einer freien, kritischen Öffentlichkeit zu vernehmen, der den Journalismus eng an die Idee und Praxis der Demokratie bindet. Diese Verbindung sehen auch Wissenschaftler wie Meier, sie versuchen jedoch, normative Ideen (»Was soll Journalismus?«) von deskriptiven, also beschreibenden Bestimmungen (»Was ist Journalismus?«) zu trennen. Die Definition oben soll demnach nur beschreibend sein.

Lassen sich aber das Beschreibende und das Normative mit Blick auf den Journalismus wirklich so leicht trennen? Und selbst wenn das gelänge, wäre es wünschenswert? Ein Vorteil könnte sein, den Journalismus analytisch von der Kopplung an die Demokratie zu befreien, da es auch in nicht-demokratischen Ländern Zeitungen, Fernsehnachrichten usw. gibt. Wollte man behaupten, das sei alles nur Propaganda und gar kein Journalismus? Eine Antwort darauf könnte sein, dass der Sinn des Journalismus in der Tat zur vollen Geltung erst im Kontext der Demokratie komme. So wie die Medien in realen demokratischen Staaten vermutlich das volle Potenzial des Journalismus nicht ausschöpfen, mag es auf der anderen Seite sein, dass sich bestimmte Aspekte des Journalismus auch unter undemokratischen Vorzeichen bereits verwirklichen lassen. Normative und deskriptive Aspekte greifen bei der Bestimmung von Ansprüchen bzw. Funktionen des Journalismus ineinander, wie sich mit einer Darstellung von Kent Asp (2007) zeigen lässt (▶ Abb. 2).

Noch einmal zurück zu Meiers Definition. Ein mögliches Missverständnis sollte ausgeräumt werden, das sich mit dem Wort »neu« verbinden könnte. Sicherlich ist richtig, dass es im Journalismus oft um Neuigkeiten geht, daher bereits sein Name: »Jour« bedeutet ja im Französischen »der Tag«, es geht um die Neuigkeiten des Tages. Der alte deutsche Ausdruck »Zeitung« bedeutete ursprünglich nichts anderes als »Neuigkeit« oder »Nachricht«. Allerdings ist der Journalismus (heute) vielseitiger: Nicht nur, dass er längst nicht mehr nur dem Rhythmus eines Tages folgt; Rundfunk und Internet haben eine Echtzeit-Öffentlichkeit erzeugt, in der Nachrichten jederzeit publiziert werden. Der Journalismus hat sich auf der anderen Seite teilweise von der reinen Neuigkeit emanzipiert. Wichtig sind zunehmend Hintergründe,

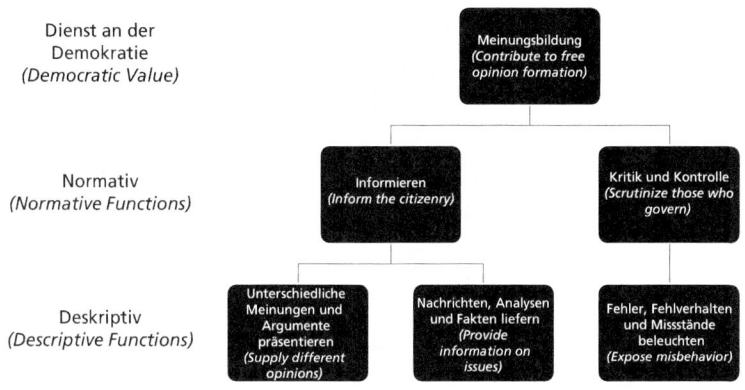

Abb. 2: Funktionen des Journalismus in der Demokratie (nach Asp 2007, S. 33).

langfristige Entwicklungen, Recherchen mit langem Atem. Deshalb könnte der Begriff »neu« in die Irre führen, passender erscheint das Wort »aktuell«. Was aktuell ist, muss nicht unbedingt ganz neu sein – es ist aber gerade (in der Gegenwart) relevant und wichtig. Das trifft beispielsweise auf viele Magazinstücke, Essays und Debattenbeiträge in den Feuilletons zu. Es kommt bei ihnen manchmal nicht darauf an, ob sie heute, in einer Woche oder in einem Monat erscheinen – aktuell sind sie trotzdem.

Noch etwas Wichtiges fehlt bisher: das Pochen auf Autonomie und die Orientierung am Gemeinwohl. Das sind nun eindeutig hohe normative Ansprüche. Und oft lässt sich trefflich darüber streiten, was sie konkret in der Praxis bedeuten. Das gilt aber auch für andere Begriffe, wie den in Meiers vermeintlich deskriptiver Definition auftauchenden Begriff der »Relevanz«. Der Journalismus trifft bereits mit jeder Entscheidung, was überhaupt eine Nachricht ist, die es wert sei, veröffentlicht zu werden, eine Wertentscheidung. Journalistische Beiträge sind, auch dann, wenn sie Objektivität und Überparteilichkeit anstreben, normativ imprägniert. Das hat Folgen für alle Versuche zu definieren, was Journalismus eigentlich ist und tut.

So gesehen erscheint es angemessen, einen Begriff wie »Gemeinwohl« zu verwenden. Selbst wenn im Einzelnen unklar oder umstritten ist, worin nun das Gemeinwohl besteht, so ist doch klar, dass es einen großen Unterschied macht, ob sich jemand ernsthaft und ehrlich darum kümmern will – oder bloß um seine eigenen Interessen (oder die eines Auftraggebers). Zweifellos legt auch Klaus Meier Wert auf die Differenz zwischen Journalismus und Public Relations (PR), seine zitierte Definition spiegelt das aber noch nicht ausreichend wider. Denn sicherlich gibt es noch andere Akteure und Medien, die ähnlich wie im Journalismus Themen auswählen und präsentieren, die neu (aktuell), relevant und faktisch sind. Tun das nicht auch Newsletter einer politischen Partei oder PR-Magazine aus der Unternehmenskommunikation?

Die Grenzen des Journalismus sind, wie man sieht, nicht leicht zu bestimmen. Zehn wichtige Grundsätze, die normativ ausgerichtet sind und auf den Dienst an der Demokratie abheben, haben die beiden US-Journalisten Bill Kovach und Tom Rosenstiel in ihrem Buch »Elements of Journalism« (2014) aufgestellt.

Zehn Prinzipien des Journalismus
Der vorrangige Zweck – man könnte auch sagen: der Sinn – des Journalismus liegt für Kovach und Rosenstiel darin, die Bürgerinnen und Bürger mit den Informationen zu versorgen, die sie benötigen, um frei und selbstbestimmt zu sein (»The primary purpose of journalism is to provide citizens with the information they need to be free and self-governing.«) Um dies zu erreichen, seien zehn Prinzipien zu beachten (Kovach & Rosenstiel 2014, S. 9):

1. Journalism's first obligation is to the truth.
2. Its first loyalty is to citizens.
3. Its essence is a discipline of verification.
4. Its practitioners must maintain an independence from those they cover.
5. It must serve as a monitor of power.

6. It must provide a forum for public criticism and compromise.
7. It must strive to make the significant interesting and relevant.
8. It must present the news in a way that is comprehensive and proportional.
9. Its practitioners have an obligation to exercise their personal conscience.
10. Citizens have rights and responsibilities when it comes to the news as well – even more so as they become producers and editors themselves.

Zwar arbeitet die Liste von Kovach und Rosenstiel mit schillernden Begriffen wie »Wahrheit« und »Loyalität«. In der Zusammenschau helfen ihre Punkte aber, ein Verständnis davon zu entwickeln, was in einem anspruchsvollen Sinne mit Journalismus gemeint ist – was er leisten will und leisten soll. So lässt sich begreifen, dass ein Influencer, der im Internet seine Selbstdarstellung betreibt und mit Produktwerbung garniert, nicht als Journalist durchgehen kann.

Dass auch der Journalismus durch übergriffige Eigentümer oder die versuchte Einflussnahme anderer mächtiger Akteure in Bedrängnis kommen kann, wurde bereits erwähnt. Die zehn Punkte von Kovach und Rosenstiel fordern dazu auf, »Stopp« zu rufen, wann immer es solche Versuche gibt. Sie sind die Basis dafür, den Journalismus in seiner Freiheit und Autonomie zu verteidigen.

Diese Freiheit verpflichtet nicht zu politischer Enthaltsamkeit und Neutralität im Sinne von Meinungslosigkeit. Zum Auftrag des Journalismus gehört das Bereitstellen wichtiger Informationen ebenso wie das Organisieren vernünftiger Diskussionen. An diesen Diskussionen können Journalistinnen und Journalisten selbst mitwirken, indem sie eigene Meinungsbeiträge erstellen. Auch das kommt in der oben vorgestellten, normativ sparsamen Definition, die sich auf die Selbstbeobachtung der Gesellschaft und auf das Auswählen, Recherchieren und Präsentieren von Themen konzentriert, noch zu kurz. Es geht im Journalismus nicht nur um Themen und Nachrichten, es geht auch um Thesen und Meinungen.

Von der Informationsfunktion und der Kritik- und Kontrollfunktion war mit Blick auf die Vierte Gewalt bereits die Rede. Darüber hinaus wird dem Journalismus eine Bildungs- und eine Beratungsfunktion (Service) zugesprochen. Dass Journalismus auch unterhaltsam sein darf, kommt noch hinzu, obwohl dies nicht im Vordergrund zu stehen scheint, wenn so ernste Begriffe wie Demokratie und Gemeinwohl fallen. Ob Information, Meinung, Bildung oder Beratung – all das kann durchaus auf unterhaltsame Weise erfolgen.

Da der Journalismus sämtliche Bereiche des gesellschaftlichen Lebens zum Thema machen kann, lassen sich die Funktionen und Erwartungen, die mit ihm verbunden sind, immer weiter ausdifferenzieren. In Tabelle 1 sind einige Punkte eingetragen, erschöpfend ist diese Darstellung sicherlich nicht.

Tab. 1: Funktionen des Journalismus

Funktionsbereich	Funktion
Demokratie, politische Kommunikation	Öffentlichkeit herstellen, Information und Meinungsbildung, Diskurs, Kritik und Kontrolle
Sozialisation, Kultursektor, Bildungssystem	Bildung, Identifikation, Kultur- und Wertevermittlung, Geschmacksbildung
Privates, Freizeit	Entspannung, Anregung, Beratung
Soziales Leben, Gemeinschaft	Integration, Gemeinschaftsbildung
...	...

Quelle: Eigene Zusammenstellung.

Es kommt darauf an, worauf der Blick sich richtet. Auch hier erscheint es wichtig, den engen Zusammenhang von Journalismus und Demokratie hervorzuheben. Manche Informationen erscheinen zunächst unpolitisch und aus Sicht einer Regierung harmlos: Sie betreffen beispielsweise einen Freizeitsport, Meldungen über das Wetter oder einen neuen Spielfilm, Nachrichten über ein Unglück oder eine

Schulaufführung. Vordergründig ist dabei der engere Bereich dessen, was in Tabelle 1 in der ersten Zeile steht (die politische Kommunikation, Kritik und Kontrolle usw.), gar nicht berührt. Doch so einfach ist es nicht. Vermeintlich Harmloses wird schnell zur ernsten Sache, wenn gewisse Fragen gestellt oder Kritikpunkte geäußert werden. Alle Aspekte des sozialen Lebens können sich in ein Politikum verwandeln. Wagt es ein Journalist, die Schulaufführung, bei der die Kinder wichtiger Leute mitmachen, *nicht* zu bejubeln? Ist es möglich, das heiße Wetter zum Anlass zu nehmen, um den Klimawandel anzusprechen? Ergeben sich aus einem Unglück Anhaltspunkte für Fehler oder sogar Vertuschungen einer Behörde?

Die Demokratie erschöpft sich nicht im Wahlakt – mit diesen Worten begann dieses Kapitel. Was heute noch kein Thema für die Politik ist, kann es morgen schon sein. Und: Demokratie ist auch eine Lebensform. Sie betrifft nicht nur den Staat und die Politik im engeren Sinne. Es wäre irreführend, wollte man den Dienst des Journalismus an der Demokratie allein auf die politische Kommunikation und die Kritik und Kontrolle von Amts- und Mandatsträgern beziehen. Der freie Austausch von Informationen, Meinungen und Argumenten, die andere Akteure und Sphären berühren, gehört genauso dazu: von der Wirtschaft bis zu den Schulen, vom Sport bis zur Wissenschaft.

Die oben genannten Funktionen schließen sich dabei keineswegs gegenseitig aus. Sie ergänzen einander, oft sind sie sogar verschränkt und aufeinander bezogen. Beispiel »Beratung« durch Ratgeber- und Nutzwertjournalismus: Wenn Medien über die Sicherheit und Produktqualität von Fahrrädern und Kindersitzen berichten, klingt das zunächst wie eine simple Servicegeschichte. So simpel ist das aber gar nicht. Es braucht gute Kriterien zur Bewertung – und es braucht Unabhängigkeit von den Herstellern. Es braucht den Willen und die Fähigkeit, gegebenenfalls Kritik an den Unternehmen oder an gesetzlichen Regeln und behördlichem Handeln zu üben. Die Berichterstattung erfüllt hier neben der Beratungs- auch eine Informationsfunktion. Womöglich deckt sie sogar einen Missstand auf oder regt eine politische Diskussion an, zum Beispiel über die Verkehrspolitik.

1 »Demokratie stirbt in der Dunkelheit«: Die Vierte Gewalt

Wie man es auch dreht, aus normativer Perspektive reduziert sich der Dienst an der Demokratie, den der Journalismus leisten soll, nicht auf einen medialen Spezialbereich. Vielmehr prägt diese Aufgabe sämtliche Aspekte und Bereiche des Journalismus.

Es ist vermutlich weder möglich noch nötig, eine alles erfassende und dennoch bündige Definition des Journalismus zu erstellen, auf die sich alle einigen könnten. Das liegt zum einen an der Komplexität des Gegenstands, zum anderen daran, dass in diesem Beruf, aber auch in der Wissenschaft und der Gesellschaft immer wieder darum gerungen wird, was man unter Journalismus verstehen kann und soll. Daher ist auch meine Definition nur ein Vorschlag:

> *Journalismus stellt einem Massenpublikum Informationen und Meinungen zur Verfügung und ermöglicht mit Hilfe periodischer Medien eine öffentliche Kommunikation über gesellschaftlich relevante Fragen. Journalismus agiert unabhängig und dient der Demokratie.*

Es erscheint sinnvoll, diese kurze Fassung noch etwas zu ergänzen, um die Bedeutung der beiden Sätze weiter zu entfalten. Dabei kann sowohl auf Meiers Definition als auch auf die zehn Punkte von Kovach und Rosenstiel aufgebaut werden. Meine daraus folgende längere Definition sieht sich im Einklang mit liberalen sowie deliberativen Demokratie- und Verfassungstheorien, die Wert auf die öffentliche Beratung und Diskussion (*Deliberation, Diskurs*) legen:

> Journalismus stellt einem Massenpublikum Informationen und Meinungen zur Verfügung und ermöglicht mit Hilfe periodischer Medien eine öffentliche Kommunikation über gesellschaftlich relevante Fragen. Journalismus agiert unabhängig und dient der Demokratie. Er trägt zur Herstellung einer kritischen Öffentlichkeit bei, in der sich die Gesellschaft über sich selbst und über ihre Themen, Probleme und mögliche Lösungen verständigen kann. Er behandelt Themen, die aktuell, faktisch und relevant sind. Er

recherchiert sie, wählt sie aus und präsentiert sie in verschiedenen Darstellungsformen. Journalismus bietet der öffentlichen Diskussion und den Bürgerinnen und Bürgern ein Forum. Er entwickelt, präsentiert und begründet auch selbst Thesen, Argumente und Meinungen. Er übt Kritik an politischen und anderen Akteuren und hat einen Anteil an ihrer gesellschaftlichen Kontrolle. Um Missstände aufzudecken und aufzuklären, recherchiert er auch gegen Widerstände. Journalismus orientiert sich am Gemeinwohl. Seine Loyalität gilt der demokratischen Gesellschaft, nicht speziellen Akteuren oder Interessengruppen. Journalismus agiert frei und autonom und widersetzt sich Versuchen der Manipulation und Fremdbestimmung durch andere Akteure.

Der Begriff »Vierte Gewalt« wird in dieser Definition vermieden, weil es ohne weitere Erläuterung so wirken könnte, als gäbe es in der klassischen Gewaltenteilung eine solche Zuordnung. Erfüllt der Journalismus die in der Definition ausgedrückten Merkmale und Ansprüche, kann er aber *de facto* wie eine Vierte Gewalt im Staate und in der Gesellschaft wirken. Dass die präsentierte Definition eine ideale Bestimmung vornimmt und daher für manche Ohren allzu idealistisch klingen mag, ist so gewollt. Schnell dürften Beispiele parat sein, in denen die Medien den formulierten Ansprüchen nicht genügen. Empirische Defizite widerlegen jedoch nicht den Sinn normativer Erwartungen. Anders gesagt: Wenn die Wirklichkeit nicht oder nur unvollkommen die Erwartungen einlöst, macht dies die Ansprüche nicht gleich obsolet. Und es wäre möglich, dass alles noch schlechter aussähe, wenn es diese normativen Ansprüche nicht gäbe – als Leitstern zur Orientierung.

Schlüsselbegriffe
Demokratie, Informations-, Kritik- und Kontrollfunktion, öffentliche Aufgabe, Aufklärung, Watchdog (Wachhund), Recherche, investigativer Journalismus, Informantenschutz, Whistleblower,

Spiegel-Affäre, Watergate, Pentagon-Papers, Panama-Papers, Diskurs, Deliberation, Unabhängigkeit, Gemeinwohl

Fragen zum Weiterdenken

- Ist ein moderner Staat – und spezieller: eine moderne Demokratie – ohne Journalismus möglich (und wie sähe das dann gegebenenfalls aus)?
- Welche Bereiche der Gesellschaft werden vom Journalismus wenig beleuchtet, obwohl es wichtig wäre, dort mehr Licht hineinzubringen?
- Jenseits klassischer Auslandsberichterstattung und großer Rechercheprojekte wie den »Panama Papers«: Wie könnte ein transnationaler Journalismus aussehen und entstehen, der sich aus dem nationalstaatlichen Rahmen löst?

Literaturtipps zum Weiterlesen

Löffelholz, Martin & Rothenberger, Liane (Hrsg.) 2016: Handbuch Journalismustheorien. Wiesbaden: Springer VS.
Eine Sammlung von Überblicksbeiträgen, die zeigen, wie unterschiedlich die Wissenschaft auf den Journalismus blickt.
Obermayer, Bastian & Obermaier, Frederik 2016: Panama Papers. Die Geschichte einer weltweiten Enthüllung. Köln: Kiwi.
Das Buch erklärt nicht nur, worum es in den »Panama Papers« geht, es erzählt, wie diese Rechercheleistung möglich wurde – spannend geschrieben von den beiden Journalisten, bei denen alles zusammenlief.
Peters, Bernhard 2007: Der Sinn von Öffentlichkeit. Frankfurt/M.: Suhrkamp.
Gehaltvolle Aufsätze eines Theoretikers, von dem eine Menge über den Zusammenhang von Öffentlichkeit und Gesellschaft, Demokratie und Journalismus zu lernen ist.

Im Kapitel zitierte Literatur

Asp, Kent 2007: Fairness, Informativeness and Scrutiny. The Role of News Media in Democracy. In: Nordicom Review, Jubilee Issue, S. 31–49.
Jackob, Nikolaus 2018: Die Mediengesellschaft und ihre Opfer. Berlin: Peter Lang.

Kovach, Bill & Rosenstiel, Tom 2014: The Elements of Journalism. 3. Aufl., New York: Three Rivers.

Meier, Klaus 2018: Journalistik. 4. Aufl., Konstanz: UTB.

Pöttker, Horst (Hrsg.) 2001: Öffentlichkeit als gesellschaftlicher Auftrag. Klassiker der Sozialwissenschaft über Journalismus und Medien. Konstanz: UVK.

Prutz, Robert E. 1845: Geschichte des deutschen Journalismus. Hannover: C.F. Kius [Faksimiledruck, Göttingen: Vandenhoeck & Ruprecht 1971].

Rühl, Manfred 1980: Journalismus und Gesellschaft – Bestandsaufnahme und Theorieentwurf. Mainz: v. Hase & Koehler.

Schultz, Tanjev 2018: Ein Abgrund von Landesverrat? Politische Kultur und Pressefreiheit – von der Spiegel-Affäre zur Affäre um Netzpolitik.org. In: Andrea Czepek u. a. (Hrsg.): Freiheit und Journalismus. Baden-Baden: Nomos, S. 33–49.

Stark, Birgit & Weichselbaum, Philipp Matthias 2014: Die Macht der Medien – eine vierte Gewalt? Überlegungen zu einem strapazierten Begriff. In: Alexandra Weiss (Hrsg.), Systemfehler. Spaltungsrhetorik als Entpolitisierung von Ungleichheit. Wien: ÖGB.

2

»Eine Zensur findet nicht statt«: Medien und Journalismus in der Bundesrepublik

Die Medien und der Journalismus sind in einen gesellschaftlichen Rahmen eingebettet. In einer liberalen Demokratie bestimmt die Verfassung nicht nur die Grundzüge des politischen, sondern auch die des medialen Systems. Für die Bundesrepublik sind dabei zwei Aspekte hervorzuheben: erstens die Freiheit der Presse, die in Artikel 5 des Grundgesetzes garantiert ist, und zweitens die föderale Ordnung, bei der die Zuständigkeit für Kultur und Medien im Wesentlichen den Bundesländern zufällt. Das hat Konsequenzen für die Medienpolitik und erklärt beispielsweise, warum der öffentlich-rechtliche Rundfunk nicht zentral organisiert ist.

2 »Eine Zensur findet nicht statt«

Außer im Grundgesetz ist die Presse- und Meinungsfreiheit in der Allgemeinen Erklärung der Menschenrechte und in der Europäischen Menschenrechtskonvention verankert. Das deutsche Grundgesetz formuliert schnörkellos:

> »Jeder hat das Recht, seine Meinung in Wort, Schrift und Bild frei zu äußern und zu verbreiten und sich aus allgemein zugänglichen Quellen ungehindert zu unterrichten. Die Pressefreiheit und die Freiheit der Berichterstattung durch Rundfunk und Film werden gewährleistet. Eine Zensur findet nicht statt.« (Grundgesetz Art. 5, Absatz 1)

Was für ein schöner, klarer Hauptsatz: »Eine Zensur findet nicht statt.« Das bedeutet: Keine staatliche Stelle wacht darüber, was und wie in den Medien berichtet wird. Keine staatliche Stelle interveniert, wenn Journalistinnen und Journalisten die Regierung mit Worten angreifen. Keine Behörde prüft, wie unbotmäßig oder folgsam die Medien sind. Die Bundeskanzlerin oder der Bundeskanzler können nicht zum Telefon greifen und den Redaktionen Anweisungen geben.

Natürlich können Politiker und andere Akteure versuchen, mehr oder weniger subtil Druck auszuüben. Es gibt Referenten und »Spin-Doktoren«, zu deren Aufgaben es gehört, die Berichterstattung in eine bestimmte Richtung zu lenken (ihr einen »Spin« zu geben). Manchmal beschweren sich Spitzenpolitiker, Unternehmer oder andere sogar direkt und unverblümt bei einer Redaktion. Entscheidend ist, dass diese (hoffentlich) nicht einknickt – es sei denn, sie hat tatsächlich einen Fehler gemacht. Entscheidend ist, dass niemand das Recht hat, den Journalistinnen und Journalisten vorzuschreiben, wie sie berichten. Und dass niemand kritische Beiträge verhindern oder aus dem Verkehr ziehen darf.

In vielen Ländern gibt es diese Freiheit nicht. Dort herrschen Zensur und Zwang, und der Journalismus kann nur eingeschränkt berichten. Ein Dienst an der Demokratie ist dann nicht möglich, allenfalls als mutiger Vorgriff im Kampf für mehr Freiheit. Dabei gehen kritische Journalisten in Ländern ohne Pressefreiheit hohe Risiken ein – sie sind, verglichen mit den Enthüllungsjournalisten in liberalen Staaten, die wahren Helden des Journalismus. Oft genug bezahlen sie ihren Mut und ihre Unbestechlichkeit mit ihrer Gesundheit oder ihrem Leben.

Meist sind die Verhältnisse etwas komplizierter, als dass sie ins simple Schema »frei versus unfrei«, »Kritik möglich versus unmöglich« passen würden. Es kann Nischen geben, in denen Kritik gewagt wird, Grenzen ausgetestet und Behörden ausgetrickst werden. Allerdings gibt es dabei deutlich größere Risiken als in Ländern, in denen sich der Journalismus auf einem stabilen demokratischen und rechtsstaatlichen Fundament bewegt.

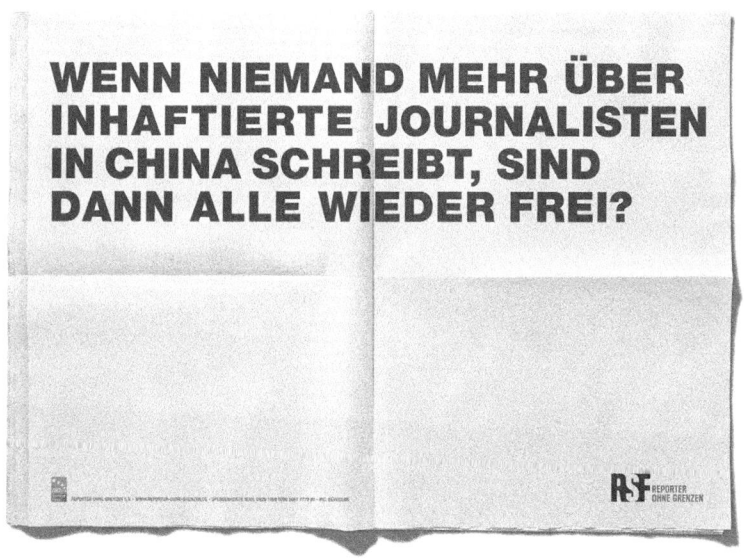

Abb. 3: Anzeigenkampagne »Wenn niemand mehr...« von »Reporter ohne Grenzen«.

Nun könnte man sagen: Auch in der Bundesrepublik kann vieles nur zum Preis sozialer Sanktionen gesagt oder berichtet werden. Wer als Kommunist den Kapitalismus hart angreift, wird zwar nicht eingesperrt, solange er sich keiner militanten Mittel bedient. Aber Probleme mit Arbeitgebern könnte es eventuell geben – auch mit Redaktionen und Verlegern, denen die politische Meinung zu radikal ist.

Niemand hat Anspruch darauf, mit seinen Meinungen durchzudringen und dafür Beifall zu bekommen. Ignoriert oder kritisiert zu werden, ist nicht dasselbe wie Zensur und Unterdrückung. Allerdings können auch in Demokratien Meinungskämpfe und die Ausgrenzung von Minderheiten und Oppositionellen zum Problem für die Presse- und Meinungsfreiheit werden. Man denke an die oft mit einer »Hexenjagd« verglichene Verfolgung von Kommunisten in den USA zu Beginn des Kalten Krieges (McCarthy-Ära).

Das *Meinungsklima* kann unter Umständen auch in der Demokratie, zumal bei moralisch aufgeladenen Themen, als einschüchternd erlebt werden (vgl. Schultz 2020). Infrage stehen dann Toleranz und Streitkultur und die Bereitschaft, andere Meinungen zu respektieren. Solche Aspekte werden aber überhaupt erst relevant, wenn eine grundlegende Freiheit der Rede und der Berichterstattung gewährleistet ist. In Deutschland haben sich viele schon so sehr an die Presse- und Meinungsfreiheit gewöhnt, dass sie diesen Zustand für selbstverständlich halten und kaum noch würdigen. Etliche Menschen haben auch falsche Vorstellungen davon, wie der Journalismus funktioniert.

In einer repräsentativen Umfrage sollten Fragen zum Mediensystem der Bundesrepublik beantwortet werden. Stimmt es oder stimmt es nicht, dass Journalisten ihre Berichte den Behörden vorlegen müssen, bevor sie die Beiträge veröffentlichen können? Dass das stimmt, glaubten elf Prozent der Befragten (Ziegele u. a. 2018, S. 158). Weitere elf Prozent sagten, sie wüssten es nicht. Insgesamt war also mehr als jedem fünften Befragten nicht klar, dass Journalistinnen und Journalisten ihre Beiträge keineswegs von einer Behörde prüfen lassen müssen – und sie dies, abgesehen von Ausnahmefällen, auch nicht tun. Es wäre schlicht Zensur. Das wissen alle, die professionell journalistisch arbeiten. Das Grundgesetz gilt: »Eine Zensur findet nicht statt.«

Ausnahme: Autorisieren von Interviews und Zitaten
Medien lassen sich ihre Beiträge nicht von einer Behörde absegnen. Sie legen sie auch den Personen, Firmen, Parteien usw., über die sie berichten, vor der Veröffentlichung nicht vor. Ausnahmen gibt es – zum Beispiel, wenn es um komplizierte wissenschaftliche Themen geht und ein Journalist eine Expertin darum bittet, zu prüfen, ob alles korrekt erklärt ist. Selbst dann ist Vorsicht nötig, denn auch Experten haben Marotten und Interessen. Eine weitere Ausnahme gibt es: Interviews, die schriftlich erscheinen, werden dem Gesprächspartner in der Regel vorgelegt. Sie werden »autorisiert«. Das bedeutet, der Interviewte kann den Text korrigieren. Das erlaubt es beiden Seiten, die Sprache zu glätten (der exakte Wortlaut wäre meist zu sperrig). Diese Praxis birgt aber auch Konfliktpotenzial und das Risiko großer Abweichungen vom Gesagten. Deshalb gibt es in Deutschland immer wieder Streit über die Autorisierungspraxis, die in anderen Ländern nicht so verbreitet ist. Hierzulande sichern sich Journalisten oft auch bei einzelnen Zitaten ab (bzw. die Gesprächspartner bestehen darauf). Das heißt, einzelne Äußerungen, die nicht in ohnehin öffentlichen Situationen gefallen sind, werden ebenfalls autorisiert.

Im Umgang mit den Medien gibt es weitere Gesprächsregeln: »Unter drei« bedeutet, dass alles Gesagte vertraulich ist und nur als Hintergrundinformation dient. »Unter zwei« bedeutet, das Gesagte darf zwar verwendet werden, aber ohne Angabe der (genauen) Quelle. »Unter eins« ist der Normalfall: Alles Gesagte darf so verwendet werden, unter Angabe der Quelle. Bei diesen Regeln geht es darum, offene Gespräche zu ermöglichen und Vertrauen herzustellen. Klar ist aber: Bei brisanten Informationen, die für die Öffentlichkeit wichtig sind, lässt sich kein Journalist darauf ein, Stillschweigen (»unter drei«) zu vereinbaren.

Die wenigsten Menschen kennen die Arbeit einer Redaktion aus eigener Anschauung. Auch in den Schulen wird der Journalismus oft nur am Rande behandelt. Deshalb ist es wenig überraschend, wenn viele Leute ahnungslos sind, wie Interviews entstehen oder wie eine Nachrichtensendung produziert wird. Sie sehen und lesen nur das Ergebnis.

Auf der einen Seite unterstellen viele (oder glauben irrtümlich), Journalisten würden ihre Manuskripte von einer Behörde absegnen lassen. Auf der anderen Seite denken etliche Bürgerinnen und Bürger, die Medien könnten ohne jede Einschränkung berichten, was sie wollen. In der erwähnten Umfrage antworteten 38 Prozent, diese Aussage sei zutreffend: »Journalisten dürfen berichten, was sie wollen, es gibt keine gesetzlichen Schranken.« Nur stimmt das so nicht. Zwar gibt es keine Zensur in Deutschland, aber auch die Medien müssen sich an die allgemeinen Gesetze halten. Deshalb dürfen sie keineswegs *alles* publizieren. Diese Einschränkung kommt im Artikel 5 des Grundgesetzes gleich nach dem Satz zur Zensur und zu den Rechten der Presse. In Absatz 2 heißt es:

> »Diese Rechte finden ihre Schranken in den Vorschriften der allgemeinen Gesetze, den gesetzlichen Bestimmungen zum Schutze der Jugend und in dem Recht der persönlichen Ehre.« (Grundgesetz Art. 5, Absatz 2)

Es ist eben nicht erlaubt, Personen zu beleidigen oder falsche, ehrverletzende Behauptungen über sie in Umlauf zu setzen. Wie in Kapitel 1 gesehen, entsteht allerdings für die Medien aufgrund ihres öffentlichen Auftrags eine Grauzone, bei der nicht immer klar ist, was (noch) erlaubt ist und was nicht. Was ist von öffentlichem Interesse, was muss den Medien als Dienst an der Demokratie gestattet werden, wo genau verlaufen die Grenzen? Die Frage stellt sich, wie erörtert, unter anderem bei Regierungsgeheimnissen, aber auch bei den Persönlichkeitsrechten einzelner Protagonisten (Politiker u. a.).

Hier muss im Einzelfall geprüft und abgewogen werden. Die Rechtsprechung in der Bundesrepublik ist insgesamt recht pressefreundlich. Das Bundesverfassungsgericht hat in vielen Entscheidungen betont, wie zentral die Presse- und Meinungsfreiheit im Katalog der Grundrechte ist. Bereits 1958 und 1961 (noch vor dem »*Spiegel*-Urteil«) nannte es diese Freiheit »schlechthin konstituierend« für die freiheitlich-demokratische Grundordnung; sie sei eines der »vornehmsten Menschenrechte« (BVerfGE 7, 198 sowie 12, 113).

Diese Sichtweise ist eine Lehre aus der Geschichte. Eine lange Zeit der Zensur hat die Geschichte Europas und Deutschlands geprägt. Der Adel wollte den freien Geist der Aufklärung im Keim ersticken, in den berüchtigten Karlsbader Beschlüssen von 1819 zogen die Regenten die Zügel fester und machten dem aufstrebenden Pressewesen mit seinen kritischen Publizisten das Leben schwer. Der Kampf für Freiheit und der Widerstand gegen die Zensoren prägte die liberalbürgerliche und die linke Opposition. Sie gehörten zu den großen Themen auf dem Hambacher Fest 1832 und bei der Revolution von 1848. In den folgenden Jahren ging das Ringen um die Pressefreiheit weiter. Es entstanden, unter anderem im Umkreis der sozialistischen und sozialdemokratischen Bewegung, parteiorientierte Zeitungen mit wachsender Leserschaft. Einige Redaktionen traten zunehmend selbstbewusst gegenüber der Obrigkeit auf.

Als in der Weimarer Republik endlich demokratische Zeiten anbrechen sollten, war die gewonnene Freiheit nur von kurzer Dauer. Von Anfang an war sie überschattet von sozialen Konflikten und einer politischen Polarisierung, die auch die Medien erfasste. Die Reporter jener Tage mussten nicht nur Anfeindungen durch den politischen Gegner befürchten; über dem Journalismus schwebte das Damoklesschwert der Strafverfolgung: Mit dem Vorwurf des Landesverrats waren die Ermittler in der Weimarer Republik schnell zur Hand. Die Vierte Gewalt stand unter Druck. Anders als in der Bundesrepublik mit ihrer *Spiegel*-Affäre gelang es damals noch nicht, den Boden für eine freie Medienordnung zu stabilisieren.

Das Ende der Weimarer Republik ist bekannt. In der Terrorherrschaft der Nationalsozialisten blieb von der Pressefreiheit keine Spur mehr übrig. Störende Stimmen wurden zum Schweigen gebracht. Oppositionelle und missliebige Publizisten verloren erst ihren Beruf, später oft ihr Leben. Die Medien wurden gleichgeschaltet, kritischer Journalismus von politischer Propaganda abgelöst. Wer publizistisch arbeiten wollte, musste eine Lizenz von der Reichspressekammer erhalten. Der Staat wachte nicht nur darüber, was und wie die Medien berichteten. Er kontrollierte auch, wer als »Journalist« tätig werden durfte.

Freier Berufszugang

In der Bundesrepublik ist Journalismus keine geschützte Berufsbezeichnung. Der Zugang in diesen Beruf steht allen offen. Wäre es anders, könnte man schwerlich von einer freien Medienordnung sprechen. In einer offenen Gesellschaft muss man in Kauf nehmen, dass vielleicht auch üble oder inkompetente Leute publizistisch aktiv sind – aber wer wollte darüber entscheiden, wer als Journalist arbeiten darf?

Natürlich haben Verlage, Rundfunkanstalten und Digitalfirmen ihre eigenen Kriterien, wen sie einstellen. So gesehen kann nicht jede Person »Tagesthemen«-Moderatorin werden oder Kommentare in der *FAZ* schreiben. Es geht ums Prinzip: Der Staat mischt sich nicht ein. Die Medienunternehmen und Redaktionen entscheiden selbst, wer für sie arbeitet.

Dazu kommt, dass jeder und jede eine eigene Medienfirma gründen, eine Redaktion bilden oder als Ein-Personen-Betrieb eigene Beiträge produzieren kann. Das war bereits vor dem Internet-Zeitalter so, damals allerdings deutlich schwieriger: Um eine Zeitung zu betreiben, braucht es Kapital, Papier muss bedruckt und verteilt werden. Die Digitalisierung hat jede Person in einen potenziellen Publizisten verwandelt. Und wer es darauf anlegt, schreibt nicht nur hin und wieder einen Kommentar in irgendein Forum, sondern wird neben- oder hauptberuflich journalistisch tätig – in Blogs, YouTube-Kanälen, digitalen Newslettern.

Während Ärzte und Rechtsanwältinnen für ihre Berufstätigkeit eine Zulassung benötigen, ist der Einstieg in den Journalismus viel einfacher. Wer will, kann sich »Journalist« auf die Visitenkarte schreiben, ohne etwas befürchten zu müssen. Ob er von anderen als Journalist anerkannt wird, steht auf einem anderen Blatt.

Obwohl der Berufszugang allen offensteht, gibt es einen »Presseausweis«. Die Situationen, in denen er gebraucht wird, sind überschaubar, die meiste Zeit kommt man ganz gut ohne einen solchen Ausweis aus. Während einer Demonstration kann er helfen, sich vor der Polizei zu legitimieren und Zugang zu bestimmten Zonen zu erhalten. Die Presseausweise werden bei Verlegerverbänden und Journalistengewerkschaften beantragt. Entscheidendes Kriterium ist der Nachweis, dass die Person hauptberuflich journalistisch arbeitet. Das kann auch als freie Journalistin sein. Nicht alle sind ja fest bei einer Redaktion angestellt.

Sozialstruktur im Journalismus
Wie viele Menschen arbeiten in Deutschland im Journalismus? Das ist aufgrund des offenen Zugangs zum Beruf und variierender Journalismus-Definitionen schwer zu sagen. Eine Studie rechnete vor einigen Jahren mit bundesweit 41 250 professionellen Journalistinnen und Journalisten (Steindl u. a. 2017, S. 411). Rückläufig sei die Zahl der freiberuflich Tätigen. Viele »Freie« arbeiten in prekären Verhältnissen mit geringen Einkommen. Anderen, die das Glück haben, gut bezahlte Aufträge zu bekommen, sowie Festangestellten, deren Arbeitgeber Tariflöhne (oder mehr) bezahlen, geht es nicht so schlecht. In vielen Medienunternehmen zeigte sich zuletzt eine Kluft zwischen gut situierten, oft älteren (Print-)Redakteuren und schlechter bezahlten, oft jüngeren (Online-)Kolleginnen und Kollegen. Unter den Älteren und in den Chefetagen dominieren vielfach noch die Männer, zunehmend rücken Frauen nach. In der erwähnten Studie wurde ein Frauenanteil von 40 Prozent im deutschen Journalismus gemessen, die Erhebung stammt aus dem Jahr 2015, der Anteil könnte weiter gestiegen sein. Fast alle Journalistinnen und Journalisten haben Abitur, die große Mehrheit einen Studienabschluss (in unterschiedlichen Fächern). Es ist ein akademischer

Beruf. In vielen Redaktionen wird ein Mangel an Vielfalt (*diversity*) in den eigenen Reihen beklagt: Man sei sich zu ähnlich und verliere den Draht zu bestimmten Teilen der Bevölkerung. Journalistinnen und Journalisten seien zumeist urbane Kosmopoliten und gebildete Angehörige der Mittelschicht. Andere soziale Hintergründe und Perspektiven würden fehlen: aus der Arbeiterschicht und dem Handwerk, von Migranten und »People of Color«, aus ländlich geprägten Landesteilen und traditionelleren Milieus (vgl. Lück u. a. 2020) Mittlerweile haben sich deshalb viele Chefredaktionen auf die Fahnen geschrieben, dass sie mehr »Diversität« ins Haus holen wollen.

Auch wenn der Journalismus allen offensteht, haben vermutlich die meisten Menschen bestimmte Medien und Personen vor Augen, wenn sie an diesen Beruf denken. Ungeachtet der Vielfalt und einer gewissen Unübersichtlichkeit, die durch die Digitalisierung entstanden ist, lässt sich die Medienlandschaft immer noch gut erfassen, indem einige wichtige Akteure und Gattungen benannt werden: Im Journalismus spielen nach wie vor die Nachrichtenagenturen eine große Rolle. Aus Sicht des Publikums sind es außerdem die Rundfunksender und die Presse (Zeitungen und Zeitschriften), deren lineare und nicht-lineare, analoge und digitale Angebote einen Großteil dessen liefern, was als Journalismus wahrgenommen wird. Dazu kommen weitere Angebote im Digitalen, von denen einige ebenfalls ein unbestritten journalistisches Profil haben, andere dagegen in ihrem Charakter nicht so eindeutig zuzuordnen sind.

Nachrichtenagenturen

Die Nachrichtenagenturen beliefern Redaktionen mit Meldungen über aktuelle Ereignisse. Wenn irgendwo etwas Wichtiges passiert, ob eine Wahl, eine große Rede oder ein Unglück, liefern die Agenturen zügig die wesentlichen Informationen. Sie konzentrieren sich auf die zentralen Fakten und beantworten die W-Fragen: *Wer, was, wann, wo?* Teilweise liefern sie erste Angaben zum *Wie* und zum *Warum*. Sie teilen ihre Quellen mit, beantworten also auch die Frage, *woher* ihre Informationen stammen.

Für den Nachrichtenjournalismus sind die Agenturen wichtig, denn nur wenige Medien können sich ein großes eigenes Korrespondenten-Netz leisten. Und selbst wenn sie eines haben, können die eigenen Leute nicht überall sein und sich nicht um alles kümmern. Das gilt allerdings für die Agenturen genauso. Sie sind spezialisiert auf das schnelle Vermelden wichtiger Ereignisse und Entwicklungen, aber auch sie erfahren nicht alles aus erster Hand, deshalb nutzen sie beispielsweise Pressemitteilungen der Behörden, Redemanuskripte und Berichte aus anderen Medien.

Wichtige Kürzel
(tvs) Unter oder über journalistischen Artikeln steht oft eine Ortsmarke und ein »Kürzel«, also eine kurze Kombination kleiner oder großer Buchstaben. Dabei handelt es sich entweder um das Kürzel eines Journalisten oder einer Journalistin, die für das jeweilige Medium arbeiten (der Autor dieses Buches hat z. B. für sich das Kürzel »tvs« gewählt). Bei kurzen Texten wird oft auf den vollen Namen verzichtet. Oder es handelt sich um die Angabe der Nachrichtenagentur, von der die Meldung stammt. Die wichtigsten internationalen Agenturen, die in deutschsprachigen Redaktionen genutzt werden, sind *AP* (Associated Press), *AFP* (Agence France-Presse) und *Reuters*. Dazu kommen *dpa* (Deutsche Presse-Agentur) und, ergänzend genutzt, *epd* (Evangelischer Pressedienst) und *KNA* (Katholische Nachrichten-Agentur). *KNA* und *epd* werden, wie der Name schon anzeigt, von den Kirchen getragen und sind deshalb in der Berichterstattung über Religions- und Kirchenthemen stark – aber nicht nur dort. Trotz möglicher Befangenheit verstehen sie sich nicht als PR-Sprachrohre und

bemühen sich um einen professionellen Blick auch auf die Kirche. Sie setzen zudem noch andere Schwerpunkte, zum Beispiel bei ethischen Themen und in der Entwicklungspolitik. Die *dpa* hat dagegen den Anspruch, sämtliche Themen und Gesellschaftsbereiche abzudecken.

Die Deutsche Presse-Agentur (*dpa*) mit Sitz in Hamburg und einer Zentralredaktion in Berlin betreibt im ganzen Bundesgebiet Büros mit Korrespondenten und verfügt auch im Ausland über Dependancen. Andere Medien müssen die *dpa*-Dienste abonnieren, um sie nutzen zu können (bezahlen also Geld dafür, gestaffelt nach Reichweite des Mediums). Die *dpa* ist eine GmbH, deren Gesellschafter mehr als 170 Medienunternehmen sind. Die Gesellschafter sind in der Regel zugleich auch Kunden der *dpa*. Diese Konstruktion kann dazu beitragen, das *dpa*-Angebot auf die Bedürfnisse der unterschiedlichen Redaktionen auszurichten und die Qualität zu sichern. In vielen Ländern sind die großen Nachrichtenagenturen dagegen in staatlicher Hand – was für ihre journalistische Unabhängigkeit ein Problem ist. Die *dpa* will dagegen unabhängig und unparteiisch berichten und die gesamte Medienlandschaft bedienen. Kritiker monieren allerdings, die Dominanz der Medienunternehmen als Gesellschafter führe dazu, dass die Agentur keineswegs die Gesellschaft repräsentiere, sondern die Interessen dieser Unternehmen.

Die journalistische Kritik- und Kontrollfunktion steht zwar bei den Agenturen ohnehin nicht im Vordergrund, sondern der schnelle Nachrichtenstrom (wenngleich sie neben Meldungen zunehmend Wert auf Analysen und Hintergründe legen). Aber wenn die Vierte Gewalt gut funktionieren soll, kommt es auf eine solide Basis an Nachrichten an. Was die *dpa* meldet, landet in vielen Zeitungen und Sendungen. Es prägt die Themen-Agenda: Was gilt als wichtig, was nicht? Welche Zitate eines Politikers kommen groß heraus? Welche Gesetzesinitiativen werden beachtet? Würde die Regierung die Agentur steuern, wäre das fatal.

2 »Eine Zensur findet nicht statt«

Abb. 4: Der Newsdesk im Newsroom der *dpa* in Berlin (Foto: Tim Brakemeier via Picture Alliance).

Der Einfluss der Nachrichtenagenturen auf die öffentliche Agenda mag durch die Digitalisierung etwas abgenommen haben. Denn nun werden ja auch andere mit ihren Berichten sehr schnell wahrgenommen. Dennoch ist die Bedeutung von Agenturmeldungen weiterhin nicht zu unterschätzen. Viele Redaktionen verfügen schlicht nicht über genügend eigene Mitarbeiter, um alles selbst recherchieren zu können, schon gar nicht in der internationalen Politik. Viele Lokalzeitungen verlassen sich bei der überregionalen Berichterstattung weitgehend auf die Meldungen und Berichte, die ihnen die Agenturen liefern. Das führt zu der Erkenntnis, dass die mediale Infrastruktur einen erheblichen Anteil daran hat, was überhaupt zur Nachricht werden kann. Nur wenige europäische Medien verfügen beispielsweise über eigene Korrespondenten auf dem afrikanischen Kontinent. Und diese wenigen Korrespondenten sind für zig Staaten zuständig, die höchst unterschiedlich sind und geographisch weit auseinanderliegen. Auch die Agenturen haben dort nur wenige

Mitarbeiter. Entsprechend wenige Nachrichten bekommt die Öffentlichkeit aus Afrika.

Öffentlich-rechtlicher Rundfunk und duales System

Radio und Fernsehen sind zentrale Elemente in der Medienarchitektur. Sie bieten nicht nur journalistische Inhalte, sondern leben von Musik, Shows und fiktionalen Programmen (Spielfilme, Serien). Aber mit Nachrichtensendungen, Magazinen, Reportagen und Dokumentationen erreichen sie ebenfalls ein großes Publikum. Das gilt auch für die digitalen Verbreitungswege: Podcasts im Internet, Beiträge in der Mediathek, Meldungen auf Instagram usw. Außerdem gibt es Sender, die auf Informationen und Meinungen spezialisiert sind: TV-Sender (samt Webangeboten) wie Phoenix oder n-tv, Radioanstalten und Hörfunkwellen wie Deutschlandfunk, B5 aktuell oder hr-iNFO.

Einige Anbieter haben einen privatwirtschaftlichen Hintergrund und gehören zu größeren Medienkonzernen, RTL und n-tv beispielsweise zur Bertelsmann-Gruppe. Andere sind öffentlich-rechtlich, wie das ZDF (Zweites Deutsches Fernsehen) und die ARD als Arbeitsgemeinschaft der öffentlich-rechtlichen Rundfunkanstalten in Deutschland mit ihrem Ersten Programm und den regionalen »Dritten Programmen« (BR, hr, MDR, NDR, Radio Bremen, rbb, SR, SWR, WDR). In der Bundesrepublik gibt es so gesehen zwei tragende Säulen im Rundfunk, die öffentlich-rechtlichen und die privaten Sender. Dieses »duale System« wurde in den 1980er Jahren eingeführt, nachdem sich eine Beschränkung der Rundfunklizenzen aufgrund technischer Fortschritte immer schwerer rechtfertigen ließ. Allerdings gibt es für den Rundfunk weiterhin eine umfangreichere Regulierung als für das private Pressewesen. Die Sender werden von Landesmedienanstalten kontrolliert, dabei geht es beispielsweise um die Einhaltung von Regeln für Werbung und für den Jugendschutz.

2 »Eine Zensur findet nicht statt«

 In das Rundfunkprogramm darf sich der Staat nicht einmischen, auch nicht in das Programm der öffentlich-rechtlichen Sender. Für deren Organisation gilt das vom Bundesverfassungsgericht ausdrücklich verlangte Gebot der »Staatsferne«.

Trotz Staatsferne: Die öffentlich-rechtlichen Anstalten hängen vom Geld der Beitragszahler (aller Bürgerinnen und Bürger) ab – und dieses System beruht auf gesetzlichen Grundlagen und ist nicht unbeeinflusst vom Spiel und Einfluss der Politik. Denn letztlich haben die Ministerpräsidenten der Länder und die Landesparlamente die Höhe der Beiträge zu genehmigen, auch wenn eine unabhängige Kommission zuvor den Bedarf ermittelt und festlegt. In diesem Prozess kann es leicht zu politischen Manövern und Blockaden kommen. So war es zum Beispiel, als die Regierung von Sachsen-Anhalt zur Jahreswende 2020/21 gegen eine Erhöhung der Rundfunkbeiträge aufbegehrte.

Überdies unterliegen die Öffentlich-Rechtlichen einem Programmauftrag, der in einem Medienstaatsvertrag (vormals Rundfunkstaatsvertrag) festgelegt ist und Gesetzeskraft hat – verabschiedet von den Parlamenten aller 16 Bundesländer. Darin wird der Auftrag des öffentlich-rechtlichen Rundfunks festgelegt:

»Auftrag der öffentlich-rechtlichen Rundfunkanstalten ist, durch die Herstellung und Verbreitung ihrer Angebote als Medium und Faktor des Prozesses freier individueller und öffentlicher Meinungsbildung zu wirken und dadurch die demokratischen, sozialen und kulturellen Bedürfnisse der Gesellschaft zu erfüllen. Die öffentlich-rechtlichen Rundfunkanstalten haben in ihren Angeboten einen umfassenden Überblick über das internationale, europäische, nationale und regionale Geschehen in allen wesentlichen Lebensbereichen zu geben. Sie sollen hierdurch die internationale Verständigung, die europäische Integration und den gesellschaftlichen Zusammenhalt in Bund und Ländern fördern.« (Medienstaatsvertrag, § 26 Absatz 1).

Anschließend heißt es, die Programme sollten diesen vier Bereichen dienen:

- Bildung
- Information
- Beratung
- Unterhaltung

In einem weiteren Satz wird explizit die Bedeutung der Kultur herausgestellt. Und schließlich legt der Medienstaatsvertrag allgemeine Grundsätze für die Berichterstattung fest:

»Die öffentlich-rechtlichen Rundfunkanstalten haben bei der Erfüllung ihres Auftrags die Grundsätze der Objektivität und Unparteilichkeit der Berichterstattung, die Meinungsvielfalt sowie die Ausgewogenheit ihrer Angebote zu berücksichtigen.« (Medienstaatsvertrag, § 26 Absatz 2)

Der Auftrag und die Grundsätze beziehen sich auf das Programm in der Gesamtschau, sie können nicht so ausgelegt werden, dass jede einzelne Sendung oder jeder einzelne Beitrag sämtliche Anforderungen erfüllen müsste. Wie sollte das gehen? Dann wäre ein kritischer Kommentar gegen die Regierung in den »Tagesthemen« gar nicht möglich – weil er als unausgewogen gelten würde. Auch die kritischen Beiträge in Magazinen wie »Panaroma« oder »Report Mainz« würden dann möglicherweise nicht nur Anstoß erregen, sondern als Verstoß gegen die Programmgrundsätze gewertet.

Seit einigen Jahren bemühen sich manche Sender verstärkt um mehr investigativen Journalismus. So existiert nicht nur der Rechercheverbund von NDR und WDR mit der *Süddeutschen Zeitung*, es gab und gibt noch weitere Kooperationen sowie Rechercheeinheiten (wie BR Data, das SWR Datenteam usw.), die auch die Analyse großer Datenmengen beherrschen. Angesichts der noch immer hohen Summen und zahlreichen Mitarbeiter, über die der öffentlich-rechtliche Apparat – trotz Spardrucks – verfügt, könnte man sogar noch weit mehr an Recherchekraft und journalistischer Substanz im Sinne des Dienstes an der Demokratie erwarten. Zumal der private Rundfunk, von Ausnahmen abgesehen, den Journalismus selten in den Mittelpunkt rückt.

Kontrolliert werden die öffentlich-rechtlichen Sender mit ihren Intendanten an der Spitze von Rundfunk- und Fernsehräten. Diese wachen auch über die Einhaltung der Programmgrundsätze. In den Gremien sitzen die Vertreter verschiedener gesellschaftlicher Gruppen, die möglichst gut die Breite und Vielfalt der Gesellschaft widerspiegeln sollen, von Kirchen und Gewerkschaften, dem Bauernverband und Umweltorganisationen bis zu Jugendgruppen und Kulturvereinen. Auch die Parteien und Vertreter aus der Politik gehören dazu, weshalb in der Geschichte der Bundesrepublik immer wieder um die Staatsferne und um die Frage gerungen worden ist, wie viel Einfluss die Parteien direkt oder indirekt auf die Strukturen und Programme dieses Systems haben.

In früheren Jahrzehnten war es üblich, den Sendern und den Intendanten bestimmte politische Farben zuzuordnen. So galten etwa der WDR und Radio Bremen lange Zeit als »Rotfunk« (sozialdemokratisch geprägt), der BR in Bayern als »Schwarzfunk« (geprägt von der CSU). Das war so pauschal sicherlich nicht immer richtig. Ganz falsch war es allerdings auch nicht.

In der Gegenwart ist die politische Landschaft verworrener, die weltanschaulichen Milieus und Lager haben sich verändert und teilweise aufgelöst; ein Prozess, der die Volksparteien und die Rundfunkanstalten nicht unberührt lässt. Noch immer können jedoch, zumal bei der Besetzung der Intendanz und anderer leitender Positionen, politische Aspekte hineinspielen. Noch immer gibt es Journalisten, die ein Parteibuch haben, und politisch gefärbte, sogenannte »Freundeskreise« in den Rundfunkgremien. Zwar scheinen die Sender von der politischen Farbenlehre weiter abzurücken, man könnte sagen: Sie haben sich weiter emanzipiert. Aber völlig bedeutungslos ist die Farbenlehre auch heute nicht – und dass hier Gefahren für die journalistische Unabhängigkeit lauern, ist offensichtlich.

Interessant ist es, sich zu überlegen, ob es dennoch Vorteile für die Demokratie und die Rolle der öffentlich-rechtlichen Medien geben kann, wenn es einen gewissen politischen Einfluss gibt, dieser aber nicht direkt und einseitig erfolgt, sondern indirekt und relativ ausgewogen über die Personalauswahl. Womöglich trägt dieses System zu einem politischen Ausgleich im Rundfunk bei, mit Chancen für die Integration der Gesellschaft und eine Zivilisierung von Konflikten –

oder ist diese Sicht zu optimistisch? Die scharfe Polarisierung im amerikanischen Fernsehen, die mit Donald Trumps US-Präsidentschaft einherging, ließe sich jedenfalls als abschreckendes Beispiel verstehen. Das duale System und der öffentlich-rechtliche Rundfunk in Deutschland mögen ihre Schwächen haben, sie haben das Land bisher aber auch demokratisch stabil gehalten.

Im Übrigen wäre zu fragen, ob im redaktionellen Alltag das journalistische Berufsethos mögliche Parteibindungen überlagert oder übertrumpft. Man denke nur an das Bundesverfassungsgericht: Seine Richterinnen und Richter werden in einem komplizierten Verfahren ausgewählt, bei dem die Parteien eine wichtige Rolle spielen. Dennoch gilt das Bundesverfassungsgericht als unabhängig und es genießt großes Ansehen als eine Instanz, die sich in ihrer professionellen Praxis gerade *nicht* einer Parteienlogik unterwirft.

Fall Brender
Zum Eklat und zu einer Debatte über parteipolitische Einflussnahme kam es 2009/10 bei der Besetzung der ZDF-Chefredaktion. Chefredakteur war seit dem Jahr 2000 Nikolaus Brender. Der ZDF-Verwaltungsrat kündigte an, Brenders Vertrag nicht zu verlängern. Aus Reihen der CDU, angeführt vom hessischen Ministerpräsidenten Roland Koch und offenbar befeuert vom CSU-Politiker Edmund Stoiber, war gegen den Journalisten mobilisiert worden. In der Öffentlichkeit und im ZDF regte sich Protest, der allerdings nicht verhindern konnte, dass Brenders Vertrag auslief. Aufgrund einer Normenkontrollklage entschied später das Bundesverfassungsgericht, dass die Gremien des ZDF (Fernsehrat und Verwaltungsrat) reformiert werden müssen (weniger Parteivertreter), um die Unabhängigkeit und Staatsferne des Senders zu sichern. Die Gremien wurden entsprechend neu besetzt und die Zahl der Politiker verringert. Kritiker halten die Reform für nicht weitreichend genug. Sie verweisen darauf, dass es weiterhin politisch orientierte »Freundeskreise« in den Gremien gebe.

Private Presse

Auf dem Pressemarkt gibt es eine Vielfalt an Titeln, gedruckt und digital: regionale und überregionale Abonnementzeitungen, Boulevardblätter, Wochenzeitungen und Magazine und zahlreiche Zeitschriften zu diversen Lebensbereichen und Spezialinteressen. Im Sinne einer Vierten Gewalt sind vor allem die Tages- und Wochenzeitungen sowie Nachrichtenmagazine wie *Der Spiegel* bedeutsam, aber auch die anderen Angebote sind für die »Demokratie als Lebensform« nicht zu verachten. Im sozialen Leben und den verschiedenen Sphären der Gesellschaft ist die Vielfalt auch jener Medien wichtig und wertvoll, die zunächst nur bestimmte, speziellere Teilöffentlichkeiten bilden, aus denen aber im Prinzip jederzeit in die allgemeine Öffentlichkeit gewechselt werden kann.

Die Presse ist privatwirtschaftlich organisiert, die Eigentumsverhältnisse sind unterschiedlich: Außer klassischen Verlegerfamilien gibt es zum Beispiel Konzerne, Aktiengesellschaften, Stiftungen, Genossenschaftsmodelle und »Crowdfunding«.

Die Unternehmensstrukturen sind auf dem Pressemarkt variantenreich und oft gar nicht leicht zu durchschauen. Die *Frankfurter Allgemeine Zeitung* ist zum Beispiel im Besitz der Fazit-Stiftung, die *taz* wird von einer Genossenschaft getragen, *Der Spiegel* (bzw. der Verlag, in dem das Magazin erscheint) gehört zur Hälfte den eigenen Mitarbeiterinnen und Mitarbeitern, weitere Anteile besitzen die Erben des *Spiegel*-Gründers Rudolf Augstein sowie der Verlag Gruner + Jahr – eine komplizierte Struktur, die den Journalistinnen und Journalisten des Magazins aber erheblichen Einfluss auf die Strukturen und Strategien des Verlags und der Redaktion sichert.

Das digitale, werbefreie Magazin *Krautreporter* startete als Crowdfunding-Projekt und wird nun von seinen Leserinnen und Lesern getragen. Das funktioniert auf Basis einer Genossenschaft und eines Mitgliedschaftsmodells (letztlich ein Abonnement). Dabei wird das Publikum stärker als bei anderen Redaktionen in Prozesse der Themenauswahl und Recherche einbezogen – was sicherlich an Grenzen stößt, sobald eine bestimmte Schwelle bei der Zahl der »Mitglieder« überschritten wird und ein individueller Kontakt nicht mehr so leicht zu bewältigen ist.

Auf der Ebene der Lokal- und Regionalpresse finden sich noch klassische Verleger(-familien), die ihre Zeitungen an Abonnenten und Anzeigenkunden verkaufen. Allerdings hat es in den vergangenen Jahren eine deutliche Bewegung zur Fusion gegeben. Viele Titel stammen *de facto* aus demselben Verlagshaus. Nur in wenigen Städten und Gemeinden existiert mehr als eine nennenswerte Lokalzeitung. Und dort, wo es noch zwei Zeitungen gibt, gehören diese mittlerweile oft zur selben Mediengruppe.

Viele Zeitungen beziehen ihren sogenannten Mantelteil mittlerweile von einer größeren Zentralredaktion, zur eigenen Gestaltung bleibt nur der Lokalteil übrig. Auch wenn die Namen der Blätter sich weiterhin unterscheiden, steht im überregionalen Teil oft dasselbe drin. Für die Vielfalt der Presse ist das eine schlechte Nachricht.

In manchen Staaten finden sich sogar Regionen, in denen es überhaupt keine Redaktionen mehr gibt, in den USA wurde dafür der Begriff der *news deserts* (Nachrichtenwüsten) geprägt. Für den öffentlichen Auftrag des Journalismus ist das eine unheilvolle Entwicklung: Wer berichtet dann noch über die Probleme vor Ort? Wer organisiert die Diskussion über lokale Themen? Wer hakt bei Bürgermeisterinnen, Pfarrern oder Bauunternehmern nach? Wo keine neuen digitalen Anbieter die Lücke füllen, können in Deutschland und einigen anderen Ländern zumindest die (öffentlich-rechtlichen) Sender, die halbwegs gut in der Fläche verankert sind, noch einiges bewirken. Doch der mediale Diskurs lebt von Konkurrenz und Vielfalt – und damit ist es vielerorts nicht mehr weit her.

Auf der überregionalen Ebene sieht es besser aus. Hier gibt es in Deutschland noch immer starke Titel, neben dem *Spiegel* beispielsweise die *Zeit* als Wochenblatt, das sich in den vergangenen Jahren mit seiner Auflage sehr gut gegen den sonst dominierenden Schwund an Abonnenten behaupten konnte. Dazu kommen eine Reihe überregionaler Zeitungen wie *SZ*, *FAZ*, *Welt* und *taz*, die ihre Reichweite zunehmend mit digitalen Angeboten erzielen.

Der durch die Digitalisierung und das Einbrechen wichtiger Anzeigenmärkte ausgelöste Strukturwandel macht vielen Medienunternehmen zu schaffen. Kein Jahr vergeht, ohne dass irgendwo Redaktionen Kürzungen, Entlassungen oder Fusionen hinnehmen müssen. Wo in einer Mediengruppe mehrere Titel produziert werden, suchen die Verlagsmanager nach Synergien. So werden manchmal ganze Ressorts gestrichen oder zusammengelegt. Bei der Illustrierten *Stern* beispielsweise das Politik- und Wirtschaftsressort in Hamburg; in Berlin bilden die *Stern*-Leute dafür ein gemeinsames Hauptstadtbüro mit dem Wirtschaftsmagazin *Capital* (beide Zeitschriften gehören dem Verlag Gruner + Jahr).

Wie wirtschaftlich gesund und stark ein Verlag ist, welche Struktur er hat und wie er sich ausrichtet, hat einen mindestens indirekten Einfluss darauf, welche Art von Journalismus möglich ist. Deshalb ist es einerseits bemerkenswert, dass in den vergangenen Jahren etliche Medien, auch Zeitungen, Investigativteams aufgebaut oder ausgebaut haben. Diese Orientierung am Recherche- und Enthüllungsjournalismus kann, wenn sie seriös und nicht effekthascherisch betrieben wird, die Vierte Gewalt stärken. Da dies allerdings in einem Umfeld geschieht, in dem an vielen Stellen die nötige journalistische Grundsubstanz und Vielfalt wegbricht, ist diese Entwicklung ambivalent. Was nützen punktuelle meisterhafte Recherchen, wenn im Routinebetrieb zu wenige Ressourcen für gründliche Arbeit und gehaltvolle Beiträge bleiben?

Redaktionelle Linie

Während der öffentlich-rechtliche Rundfunk in seinem Programm (aber nicht unbedingt in allen einzelnen Sendungen) die Breite der

Gesellschaft repräsentieren soll, kann sich die private Presse bewusst an bestimmte Milieus und Zielgruppen wenden. Historisch betrachtet, hatten parteigebundene sowie konfessionelle Blätter eine große Bedeutung in der Zeitungslandschaft. Sie entwickelten sich im 19. Jahrhundert als Anker für Parteien und soziale Bewegungen. Dies ist heute nicht mehr so. Viele Titel, vor allem die Lokal- und Regionalzeitungen mit Monopolstellung, folgen eher dem Generalanzeiger-Prinzip. Das heißt, sie positionieren sich ähnlich wie der öffentlich-rechtliche Rundfunk nicht auf einer politischen Seite, sondern zielen auf ein möglichst großes Publikum. Das führt zu eher moderaten Positionen rund um die politische Mitte oder zum Bemühen, unterschiedlichen Meinungen gleichermaßen gerecht zu werden.

In der überregionalen Presse ist die Verankerung in Milieus und politischen Lagern etwas stärker erkennbar geblieben. Die Zeitungen und Magazine folgen einer »redaktionellen Linie«. Damit ist die politische und weltanschauliche Ausrichtung gemeint. Das geht nicht so weit, dass die Meinung zu einem konkreten Gesetz oder auch nur einer konkreten Partei festgelegt wäre. Aber es gibt eine Grundtendenz, die gar nicht groß und explizit thematisiert werden muss. Bereits in der Personalauswahl und in der Sozialisation des Redaktionsalltags ergeben sich viele Möglichkeiten, die redaktionelle Linie zu prägen und ein kollektives Grundverständnis zu formen.

Dabei spielt die Chefredaktion eine große Rolle. Aber auch die Verleger, also die Eigentümer, können hier ihren Einfluss geltend machen. Es gilt in einem freien Mediensystem als problematisch und unüblich, dass sich die Eigentümer in den Redaktionsalltag einmischen und intervenieren, wenn ihnen ein einzelner Beitrag nicht gefällt. Solche Eingriffe mögen zwar bisweilen vorkommen, widersprechen aber dem Selbstverständnis einer auf Autonomie bedachten Redaktion. Über die Personalauswahl (Einsetzen der Chefredaktion) und die strategische Ausrichtung eines Blattes können die Eigentümer auf subtilere Weise eine Richtung vorgeben.

2 »Eine Zensur findet nicht statt«

> **Kampf ums Kruzifix bei der Welt**
> In den 1990er Jahren gab es einen denkwürdigen Konflikt, der ein Schlaglicht auf das Thema journalistische Unabhängigkeit wirft: In der Bundesrepublik wurde damals über die Frage gestritten, ob in Behörden, Schulen und generell im öffentlichen Raum christliche Symbole hängen sollen bzw. dürfen, insbesondere das Kreuz. Im »Kruzifix-Beschluss« entschied das Bundesverfassungsgericht 1995, dass die Schulordnung in Bayern, die in jedem Klassenzimmer ein Kreuz vorsah, gegen das Grundgesetz verstieß. In der Tageszeitung *Die Welt* erschien ein Kommentar, der ähnlich wie das Gericht dafür argumentierte, Schulen frei von religiösen Symbolen zu halten. Das regte den damaligen Großaktionär des Springer-Verlags, Leo Kirch, auf. Die Zeitung erscheint bei Springer. Der konservative Kirch, ein »Medien-Mogul«, der durch die Gründung des Senders Sat.1 bekannt und mächtig geworden war, forderte die Absetzung des *Welt*-Chefredakteurs Thomas Löffelholz. Diese Forderung wies nicht nur die Redaktion empört zurück. Auch die Springer-Verlagsspitze stellte sich hinter Löffelholz und widersprach dem Eigentümer, der mehr als 35 Prozent der Anteile am Unternehmen hielt (später verkaufte Kirch seine Anteile). Löffelholz blieb. Wäre Kirch Alleineigentümer des Verlags gewesen, wäre die Sache vermutlich anders ausgegangen.

Für die überregionalen Zeitungen galt jahrzehntelang eine halbwegs übersichtliche Ordnung: *Die Welt* aus dem Springer-Verlag stand eher rechts, die *FAZ* ließ sich als liberal-konservatives Professorenblatt klassifizieren (gelesen von vielen Akademikern und Unternehmern), die *SZ* war links-liberal, die *Frankfurter Rundschau* (*FR*) gewerkschaftsorientiert. In den 1980er Jahren kam die *taz* hinzu, die dem grün-alternativen Milieu entsprungen war. Auf der Ebene der Magazine gab es den leicht links orientierten, letztlich aber stets auf Opposition gebürsteten *Spiegel*, dem seit 1993 der konservativer ausgerichtete *Focus* Konkurrenz machte. Und nicht zu vergessen: die von vielen Pädagogen und Intellektuellen geschätzte, liberale *Zeit*.

Schon immer herrschte ein mehr oder weniger ausgeprägter Binnenpluralismus. In einer Redaktion sind nicht alle derselben Meinung; mal kommt die eine, dann die andere Richtung zum Zuge oder zum Vorschein. Das kann an einzelnen Personen hängen. Ein Beispiel aus eigener Erfahrung: Als der Autor dieses Buches in der Redaktion der *Süddeutschen Zeitung* für bildungspolitische Themen zuständig war, schrieb er Kommentare, in denen er sich gegen die Einführung allgemeiner Studiengebühren an den deutschen Hochschulen aussprach (auch wenn er sah, dass es einige gute Argumente für Gebühren gab). Als in den Jahren zuvor eine Kollegin für das Themengebiet verantwortlich war, vertrat diese eine offenere Haltung zu Studiengebühren. Und ein Nachfolger des Autors kommentierte ebenfalls vorsichtig pro Gebühren – und das alles ohne Vorgaben oder Interventionen von irgendeiner Hierarchieebene.

Nicht nur zwischen Autoren, auch zwischen Ressorts und Gruppen innerhalb einer Redaktion kann es Unterschiede geben. So wirkt das *FAZ*-Feuilleton traditionell liberaler und linker als der Politikteil der *FAZ*. Abgesehen von äußerst rechten oder äußerst linken Meinungen sind die politischen und weltanschaulichen Standpunkte in der Gegenwart aber oft gar nicht mehr so leicht zu bestimmen. Vieles erscheint verwaschen und ausgefranst. Und so ist es wenig erstaunlich, dass einzelne Journalistinnen und Journalisten ihre Arbeitgeber und Redaktionen munter wechseln. Einige haben bei der *FAZ* gearbeitet und sind zur *SZ* gegangen oder umgekehrt. Es gibt Leute, die haben bei der *taz* angefangen und landeten dann beim *Spiegel*, der *Zeit* oder der *Welt*. Der politisch als konservativ geltende Journalist Nikolaus Blome war sogar bei der *Bild*, bevor er zum *Spiegel* und wieder zurück zur *Bild* wechselte – und von dort schließlich zu RTL, einem TV-Sender. Jan Fleischhauer wechselte vom *Spiegel* zum *Focus*; Stefan Aust, einst *Spiegel*-Chefredakteur, landete schließlich als Herausgeber bei der *Welt* – in früheren Jahrzehnten wäre das zwar nicht undenkbar, aber doch äußerst merkwürdig erschienen.

Ein Wechsel von einer Boulevardzeitung zu Blättern, die sich als »Qualitätsmedien« verstehen, mag zwar eher die Ausnahme sein.

Zwischen den großen Redaktionen der sogenannten Leitmedien herrscht aber mittlerweile ein auffällig reger Austausch beim Personal.

Leitmedien

Als »Leitmedien« werden journalistische Titel bezeichnet, die als besonders einflussreich gelten, weil sie den Ton in der Öffentlichkeit angeben, Themen und Meinungen maßgeblich prägen. Das sind einerseits Sendungen, Zeitungen und Digitalangebote, die eine hohe Reichweite haben und überregional von sehr vielen Menschen wahrgenommen werden. Dazu gehören die Nachrichtensendungen und -magazine »Tagesschau« und »Tagesthemen« im Ersten sowie »heute« und »heute Journal« im ZDF, aber auch die *Bild* als Boulevardblatt, das zwar stark an Auflage bei der gedruckten Ausgabe verloren hat, aber nun im Internet massenhaft geklickt wird. Selbst wenn das Image der *Bild* nicht gut ist, speist sich ihre Bedeutung bereits aus der Tatsache, dass sie so viele Leute erreicht – und deshalb auch Politiker und Journalisten glauben, sie kämen nicht an dieser Zeitung vorbei.

Dies ist ein weiteres Kriterium für den Begriff des »Leitmediums«: die Rolle als Multiplikator und die Verankerung bei sogenannten Entscheidern in Politik, Medien und Wirtschaft. Für viele Journalisten ist die Lektüre des *Spiegel* und der *SZ* Standard, die *FAZ* und das *Handelsblatt* liegen auf den Schreibtischen (bzw. als digitale Version auf den Desktops) der Führungskräfte in Unternehmen. *Die Zeit* als Wochenzeitung wird von vielen Menschen in der Politik und im Bildungssystem gelesen.

Die Leitmedien haben großen Anteil daran, wie die öffentliche und politische Agenda aussieht und welche Themen und Perspektiven überhaupt und in welcher Prominenz auftauchen.

Agenda Setting und Gatekeeping
In der Wissenschaft ist der »Agenda Setting«-Ansatz seit den 1970er Jahren stark verbreitet. Ausgangspunkt waren Studien, die zeigen konnten, dass die Massenmedien beeinflussen, welche Themen den Menschen wichtig sind. Jene Themen und Probleme, über die viel und prominent berichtet wird, stehen demnach auch auf der Agenda des Publikums hoch im Kurs. Jenseits dieses allgemeinen Zusammenhangs werden speziellere Kontexte und Einflussfaktoren untersucht, zum Beispiel zur Frage, bei welchen Medien oder Themen der Agenda-Setting-Effekt größer oder kleiner ist. Durch die Digitalisierung tauchte die Frage auf, ob die traditionellen Massenmedien ihre Kraft zum Setzen einer Agenda eingebüßt haben. Damit verbunden wird über einen Verlust der Stellung als »Gatekeeper«, also als Torwächter, diskutiert. Manchmal ist im Deutschen auch von »Schleusenwärtern« die Rede. Die Gatekeeping-Forschung untersucht, welche Informationen, Themen und Aspekte eines Themas von Journalistinnen und Journalisten ausgewählt und in ihre Beiträge aufgenommen, also »hineingelassen« oder »durchgeschleust« werden. Was sie an ihrem Tor abweisen, spielt in den Medien keine Rolle. Durch das Internet können gesellschaftliche Akteure allerdings die klassischen Informationsanbieter umgehen und versuchen, am journalistischen Gatekeeping vorbei ihre Zielgruppen zu erreichen und öffentliche Aufmerksamkeit zu erzielen. Der Journalismus betreibt nun zunehmend »Gatewatching«: Er beobachtet die Vielfalt öffentlicher Kommunikationen, einschließlich der Social-Media-Welt, und ordnet und kuratiert sie für sein Publikum.

Es ist naheliegend, die Rolle der Leitmedien zu hinterfragen. Würden die Leitmedien keine Kritik provozieren, wäre dies seltsam. Sie repräsentieren den Kern dessen, was linke oder rechte Kritiker als »Mainstream« bezeichnen. Der Begriff wird teilweise verunglimpfend und in polemischer Absicht verwendet, es ist dann nur ein kleiner Schritt zu pauschalen Angriffen und Unterstellungen à la »Lügenpresse«. Man kann die Kritik aber auch sachlicher angehen. Dann wird danach gefragt, ob und wie weit die Leitmedien mit den Eliten bzw. den Mächtigen des Landes verbunden sind und ob diese Nähe auf Kosten journalistischer Distanz im Sinne der Kritik- und Kontrollfunktion geht (vgl. Krüger 2016).

Dabei sollte allerdings ein Phänomen beachtet werden, das die Forschung aufgedeckt hat und manche Medienkritik relativieren könnte: »Hostile media perception«. Menschen neigen dazu, den Medien zu unterstellen, sie würden eine bestimmte politische Tendenz haben – und typischerweise eine, die der eigenen Meinung nicht entspricht. Aus Sicht konservativer Kreise bevorzugen die Medien eher linke Positionen. Die Vorwürfe der Linken gehen oft genau in die andere Richtung: Die Medien würden zu stark nach rechts tendieren. Früher wurde in solchen Zusammenhängen abfällig von einer »bürgerlichen Presse« gesprochen. Auch in der Gegenwart stehen sich, beispielsweise in der Migrationspolitik, verschiedene Lager unversöhnlich gegenüber und beschweren sich jeweils über angeblich zu migrationsfreundliche oder -feindliche Medien. Der »Hostile media effect« besagt: Die überzeugten Anhänger einer Position werfen den Medien einen Hang zur Gegenseite vor – selbst dann, wenn die Berichterstattung ausgewogen ist. Die einen kritisieren einen Artikel als angeblich zu links, die anderen kritisieren denselben Artikel als angeblich zu rechts.

Spannend kann es sein, den Wandel über die Zeit zu beobachten: Was gestern noch randständig war, könnte heute oder morgen schon zum »Mainstream« gehören. In ihren Anfangsjahren gehörte zum Beispiel die linke *taz* zu einer alternativen Gegenkultur, mittlerweile wirken sie und ihr Publikum weitgehend etabliert. Phänomene des Wertewandels betreffen die gesamte Gesellschaft und zeigen sich auch im Journalismus. In den tonangebenden Medien der Bundesrepublik wird man heute zum Beispiel kaum noch Beiträge finden, in denen Homosexualität abgelehnt und als sündig oder widernatürlich kritisiert würde. Eine solche Haltung ist zum Glück überwunden. Es mag sie noch in bestimmten Zirkeln der Gesellschaft geben, diese kommen damit in den Leitmedien aber nicht mehr zum Zuge, zumindest nicht offen und explizit. Die Leitmedien spiegeln und prägen den Zeitgeist und die kulturellen Normen und Werte der Gesellschaft.

Digitale Vielfalt

Im Internet sind Informationen aus anderen Quellen nur einen Klick oder Wisch entfernt. Das kann Menschen überfordern, sie aber auch anregen. Es war noch nie so einfach wie heute, in kurzer Zeit unglaublich viele Quellen zu nutzen, Angaben zu überprüfen und zu vertiefen. Allerdings war es wohl auch noch nie so einfach wie heute, falsche Informationen zu streuen und die Menschen mit Bildern und Pseudo-Nachrichten zu täuschen und zu manipulieren.

Der sehnsüchtige Traum einer demokratischen Zwei-Wege-Kommunikation – raus aus der Einbahnstraße der alten Massenkommunikation – ist angesichts der vielen Probleme im Digitalen zerplatzt: mächtige, monopolartige Tech-Konzerne, deren Algorithmen und Datensammelei die Nutzer ausgeliefert sind, Hass und Hetze im Netz, Propaganda, Desinformation und Verschwörungserzählungen. Diese Schattenseiten können allerdings die hellen Momente und die großartigen Möglichkeiten, die in der digitalen Kommunikation stecken, nicht vollständig verdecken. Im Digitalen gibt es allen Einschränkungen zum Trotz eine beachtliche Vielfalt in der Kommunikation.

Der konservative Journalist Paul Sethe prägte einst das Aperçu: »Pressefreiheit ist die Freiheit von zweihundert reichen Leuten, ihre Meinung zu verbreiten.« Das war 1965 und spielte darauf an, dass es für die meisten Bürgerinnen und Bürger jenseits eines Leserbriefs, der womöglich nicht mal abgedruckt wurde, kaum eine Aussicht darauf gab, die eigene Meinung einem nennenswerten Publikum zu präsentieren. Wer publizistisch aktiv sein wollte, brauchte den Rückhalt eines Verlags oder Senders. Das hat sich geändert. Natürlich verlieren sich auch in der Gegenwart die meisten Botschaften in den unendlichen Weiten des Internet. Aber wer einen Nerv trifft, kann mit seiner Kommunikation »viral« gehen und zum Hit im Netz werden. Ein berühmtes Beispiel dafür ist der YouTuber Rezo, dessen Video »Die Zerstörung der CDU« (2019), in dem er unter anderem die Klimaschutzpolitik der Union angriff, millionenfach aufgerufen wurde und eine bundesweite Debatte auslöste.

In der Medienbranche wurde teilweise erbittert darüber gestritten, ob man Rezo als einen Journalisten bezeichnen könne oder nicht. Unabhängig davon, welche Antwort man darauf gibt, und auch unabhängig davon, ob man sein meinungsstarkes Video für gelungen hält oder nicht: Es zeigt sehr gut, dass das Internet auch Akteuren jenseits des engen Kreises etablierter Redaktionen und (Leit-)Medien eine Publikation von Beiträgen ermöglicht, die im öffentlichen Diskurs große Resonanz finden können. Selbst da, wo kein Massenpublikum erreicht wird, sind im Internet viele Angebote, Gemeinschaften und Teilöffentlichkeiten entstanden, die durch besonderes Wissen und besondere Kompetenzen eine wichtige Ergänzung und ein wichtiges Korrektiv zu den großen journalistischen Medien bilden.

Die Digitalisierung verschränkt unterschiedliche mediale Rollen, Formate und Gattungen oder lässt diese sogar ineinander verschwimmen. Die Forschung spricht von einer »Hybridisierung«.

Die »Blogosphäre« aus Blogs, Twitter-Threads, YouTube-Formaten usw. bietet die Aussicht, Stimmen, die sonst nicht oder zu wenig durchdringen, zu Wort kommen zu lassen. Dass dies ebenso für fragwürdige und extremistische Stimmen zutrifft, ist die Kehrseite. Schon aus diesem Grund ist es auch in der digitalen Ära wichtig, vertrauenswürdige, etablierte Medienmarken zu haben, die als gemeinsame Basis, als Referenz und Ausgangspunkt für die weitere Kommunikation dienen können.

Ob TV-Sendungen, Zeitungen oder Radiostationen, sie alle sind längst selbst auf den diversen digitalen Plattformen vertreten.

Betrachtet man sie, gemeinsam mit ihren klassischen analogen und linearen Angeboten, als journalistisches Zentrum, so ist dieses Zentrum umgeben, umlagert oder sogar belagert von anderen Akteuren und Kommunikatoren, die ebenfalls die Aufmerksamkeit des Publikums für sich beanspruchen. Darunter fallen nicht nur journalistische Online-Medien, sondern zahlreiche Akteure aus Politik, Wirtschaft, Wissenschaft und Zivilgesellschaft, einzelne Blogger, YouTuber und Hobby-Publizisten. Das Publikum kann jederzeit selbst in die Rolle eines aktiven Kommunikators wechseln. Ein Bürger, eine Bürgerin ist nicht nur Nutzer (User), sondern auch Produzent – die Medienforschung spricht deshalb vom »Produser«.

Diese Strukturen hebeln die Gatekeeper-Rolle der traditionellen Massenmedien, die darüber entscheiden, was öffentlich thematisiert und diskutiert wird, nicht komplett, aber doch merklich aus. Es können nun Themen hochkochen, die zunächst von den großen etablierten Redaktionen ignoriert wurden. Früher oder später greifen sie diese Themen möglicherweise auf.

Der Medienwissenschaftler Bernhard Pörksen spricht in diesem Zusammenhang von einer »Fünften Gewalt« der »vernetzten Vielen«, die sich in der digitalen Arena einfinden (Pörksen 2018, S. 83). Tatsächlich sind im Internet Strukturen und kommunikative Phänomene (Shitstorms, Memes usw.) entstanden, die sowohl die etablierten Medien als auch andere gesellschaftliche Akteure beeinflussen und unter Druck setzen können. Dass hier Risiken lauern, beispielsweise irrationale Erregungswellen, die dann auch die klassischen Medien erfassen, ist die eine Seite. Die andere Seite ist die Chance, die Basis an verfügbarem Wissen und verfügbaren Nachrichten, Argumenten und Stimmen zu verbreitern und die etablierten (Leit-)Medien korrigieren zu können. Wer kontrolliert die Vierte Gewalt? Eine mögliche Antwort darauf lautet: die Fünfte Gewalt im Netz.

Schlüsselbegriffe
Zensur, Pressefreiheit, Grundgesetz Artikel 5, Autorisieren, freier Berufszugang, Nachrichtenagentur, duales System, öffentlich-rechtlicher Rundfunk, Staatsferne, Programmauftrag, redaktionelle Linie, Leitmedien, Agenda Setting, Gatekeeper, Gatewatcher, Hostile media effect, Hybridisierung, Produser, Fünfte Gewalt

Fragen zum Weiterdenken

- Wie oder wodurch kann ein Blogger oder YouTuber zum Journalisten werden?
- Wie ließe sich die Vielfalt im Lokaljournalismus zurückgewinnen?
- Sollten Journalistinnen und Journalisten generell darauf verzichten, Mitglied einer politischen Partei zu sein? Was spricht dafür, was dagegen?

Literaturtipps zum Weiterlesen
Arnold, Bernd-Peter 2016: Nachrichten. Schlüssel zu aller Information. Baden-Baden: Nomos.
Eine kompakte Einführung in das Wesentliche des Nachrichtenjournalismus.
Hanitzsch, Thomas / Hanusch, Folker / Ramaprasad, Jyotika / de Beer, Arnold S. (Hrsg.) 2019: Worlds of Journalism. Journalistic Cultures Around the Globe. New York: Columbia University Press.
Der Band weitet den Blick: Wie steht es um den Journalismus weltweit? Ein internationales Forschungsteam hat Daten in 67 Ländern gesammelt und ausgewertet.
Meier, Klaus & Neuberger, Christoph 2016: Journalismusforschung. Stand und Perspektiven. Baden-Baden: Nomos.
Eine Sammlung von kurzen Aufsätzen, die einen guten Überblick über wichtige Themen und Konzepte der Journalismusforschung geben.

Im Kapitel zitierte Literatur
Krüger, Uwe 2016: Mainstream: Warum wir den Medien nicht mehr trauen. München: C.H. Beck.

Lück, Julia / Schultz, Tanjev / Simon, Felix / Borchardt, Alexandra / Kieslich, Sabine 2020: Diversity in British, Swedish, and German Newsrooms: Problem Awareness, Measures, and Achievements. In: Journalism Practice (Published online: Sept. 2), DOI: 10.1080/17512786.2020.1815073.

Pörksen, Bernhard 2018: Die große Gereiztheit. Wege aus der kollektiven Erregung. München: Hanser.

Schultz, Tanjev (Hrsg.) 2020: Was darf man sagen? Meinungsfreiheit im Zeitalter des Populismus. Stuttgart: Kohlhammer.

Steindl, Nina / Lauerer, Corinna / Hanitzsch, Thomas 2017: Journalismus in Deutschland. Aktuelle Befunde zu Kontinuität und Wandel im deutschen Journalismus. In: Publizistik 62 (4), S. 401–423.

Ziegele, Marc / Schultz, Tanjev / Jackob, Nikolaus / Granow, Viola / Quiring, Oliver / Schemer, Christian 2018: Lügenpresse-Hysterie ebbt ab. In: Media Perspektiven 4, S. 150–162.

3

»Rasende Reporter«? Wie Redaktionen arbeiten

Es gibt das Klischee des rasenden Reporters, der immer auf dem Sprung ist, ständig auf der Suche nach neuen Sensationen, gehetzt vom Druck der Deadline, dennoch rauchend, saufend, Zoten reißend ... So schön oder scheußlich dieses Bild sein mag, es entspricht kaum der Realität. *Der rasende Reporter* – so hieß 1925 eine Sammlung von Reportagen des legendären Egon Erwin Kisch, einer der großen Journalisten der Weimarer Republik. Doch auch er dürfte sich mit vielen seiner Texte Zeit gelassen haben.

Natürlich gibt es im Journalismus eilige Momente, rauschhafte Schreibphasen und hektische Artikel-Wechsel, wenn etwas Dramatisches passiert ist. Vieles findet allerdings in einer Mischung aus souveräner Routine und professioneller Ruhe statt. Besucher sind deshalb manchmal erstaunt, wie still und scheinbar gemächlich es sogar am »Newsdesk« zugeht, an den Schalt- und Kommandozentralen moderner Redaktionen.

Alle wissen in der Regel, was zu tun ist. Die Abläufe sind eingeübt, schnelle Absprachen werden oft über E-Mails und Messenger-Dienste getroffen, das reduziert die Telefonate und die Lautstärke in den Großraumbüros. Dort sitzen ohnehin nur die Redakteurinnen und Redakteure, die planen, koordinieren, redigieren. Andere haben Einzelbüros oder sitzen zu Hause im Homeoffice und schreiben einen Text, oder sie sind unterwegs als Reporterin, interviewen jemanden, schauen sich etwas an, drehen mit einem Kamerateam. Sie sitzen in einer Pressekonferenz, schreiben mit, zeichnen auf, hören zu, stellen Fragen. Sie gehen ins Theater und überlegen, ob diese Premiere gelungen ist oder nicht. Oder ins Stadion und warten auf den Schlusspfiff, um umgehend einen Bericht abzusenden, der schon während des laufenden Spiels entstanden ist, plus Live-Ticker. Da muss es dann in der Tat sehr schnell gehen.

Der Beruf ist facettenreich; wie der Alltag und ein einzelner Arbeitstag aussehen, hängt davon ab, bei welchem Medium ein Journalist arbeitet, welche Aufgaben er dort hat und was am Tag gerade anliegt. Für einige sieht keine Woche wie die andere aus, für andere ist die Abwechslung überschaubar und die Abläufe gleichen sich. In den Anfängen des Journalismus im 16. und 17. Jahrhundert gab es noch keine großen Redaktionen, die frühen Zeitungen sahen eher aus wie Flugblätter und wurden von wenigen Leuten erstellt, auch wenn sich schon früh ein System internationaler Korrespondenten entwickelte (vgl. Bösch 2019). Ungeachtet dieser frühen Form der Arbeitsteilung war es nicht ungewöhnlich, Publikationen in Ein-Personen-Betrieben herzustellen – der Verleger war in Personalunion auch Redakteur und Drucker.

Interessanterweise ist diese Art des individuellen Publizierens durch das Internet zurückgekehrt. Auch manche Blogger und You-Tuber scharen zwar mittlerweile einen Stab an Leuten um sich, es geht aber auch allein. Die arbeitsteiligen Redaktionen, die sich in einem historischen Prozess der Professionalisierung gebildet haben, sind von den neuen Individualisten bisher nicht verdrängt, sondern nur ergänzt worden. In Redaktionen, in denen Journalistinnen und Journalisten hauptberuflich arbeiten (in großen Redaktionen können es Hunderte sein), gibt es spezialisierte Rollen und Aufgaben. Die Vierte Gewalt will gut organisiert sein.

Arbeitsteilung: Ressorts und Darstellungsformen

Für die Arbeit in den Redaktionen ist außer den Hierarchieebenen (Chefredaktion, Ressortleitungen) eine Aufteilung in Arbeitsbereiche prägend. Früher war diese Aufteilung meist sehr übersichtlich, es gab die thematische Gliederung nach Ressorts wie Politik, Wirtschaft, Kultur, Sport, Lokales. Mittlerweile ist der Aufbau komplizierter, jedenfalls differenzierter. Nicht nur, dass es oft neue, je nach Medium variierende Themen-Ressorts gibt (Beruf und Karriere, Umwelt, Freizeit usw.), einige Arbeitseinheiten sind gar nicht thematisch geordnet, sie orientieren sich an der jeweiligen Stelle im Medium, der journalistischen Ausrichtung oder an Querschnittsaufgaben. Beispiele dafür sind Ressorts wie »Thema des Tages«, »Reportage« oder »Dossier« und Teams für »Fakten-Checking«, »Audio-Formate«, »Community-Management« (Betreuung von Foren usw.). Für die journalistische Kontrollfunktion sind die vielerorts geschaffenen Einheiten für investigativen und datenorientierten Journalismus interessant. Ehemals starre Ressortgrenzen lösen sich zugunsten wechselnder, projektbezogener Team-Strukturen auf. Daran hat die Digitalisierung ihren Anteil.

Nachrichten und Rechercheergebnisse werden für unterschiedliche Verbreitungswege und Darstellungsformen aufbereitet. Dabei arbeiten Spezialisten und Generalisten zusammen. Ein Großteil der redaktionellen Arbeit besteht aus Planung und Koordination.

Unter Verhältnissen knapper Ressourcen besteht die Gefahr, dass die Arbeitsabläufe mit ihren Sachzwängen und Eigenlogiken originär journalistische und inhaltliche Erwägungen konterkarieren oder an den Rand drängen. Auf der anderen Seite kann eine durchdachte Arbeitsteilung auch Freiräume fürs Recherchieren und für das Ausspielen fachlicher Kompetenzen schaffen.

Wie die Aufteilung aussieht, hängt stark von der Größe und dem Typ des Mediums ab. In den meisten Redaktionen muss es zum einen Leute geben, die Inhalte recherchieren und Beiträge erstellen (schreiben, drehen usw.), und zum anderen Leute, die solche Beiträge planen, bestellen, bearbeiten und zur Veröffentlichung freigeben. Die Vorstellung, alle Journalistinnen und Journalisten würden die ganze Zeit schreiben oder filmen, ist irreführend. In einer Redaktion sitzen Viele, die ganz andere Aufgaben ausführen, ohne die aber keine Zeitung oder Nachrichtensendung je zustande käme.

Als Journalist kann man in unterschiedliche Rollen schlüpfen, zum Beispiel an einem Tag die Beiträge anderer »produzieren« (redigieren, mit Überschriften versehen) und an einem anderen Tag selbst einen Beitrag verfassen. Auch die Art der Beiträge unterscheidet sich und erfordert unterschiedliche Kompetenzen, Techniken und Rollenverständnisse. Einige journalistische Darstellungsformen sind nachrichtenorientiert und informierend, andere sind meinungsorientiert und kommentierend (▶ Tab. 2). Es gibt Reportagen, bei denen eine Journalistin sehr genau und detailreich ihre Erlebnisse und Eindrücke schildert und nah ans Geschehen rückt. Es gibt nüchterne Analysen, in denen abstrakte Sachverhalte erklärt und diskutiert werden. Es gibt Glossen, in denen humorvoll und geistreich assoziiert wird.

Vieles in den Medien sind Meldungen und Berichte, aber auch diese nachrichtlichen Darstellungsformen erfüllen mehr als nur die Funktion reiner Information. Denn auch sie transportieren häufig Meinungen, indem sie darüber berichten, was bestimmte Akteure sagen, behaupten, fordern. Das Publikum erfährt also auch hier etwas über Meinungen und Argumente und über den Stand einer Debatte. Die als

Nachrichten aufgenommenen Fakten, Ereignisse und Entwicklungen bilden zudem den Stoff, aus dem wiederum Argumente und Meinungen gewebt werden können.

Abb. 5: Bundespressekonferenz zum Tag der offenen Tür der Bundesregierung am 26. August 2018 (Foto: Vincent Eisfeld; CC BY-SA 4.0).

Wenn im Sinne der Vierten Gewalt der Diskurs gefördert und zugleich die Mächtigen kritisiert und kontrolliert werden sollen, kommt es nicht nur auf die expliziten journalistischen Kommentare an. Diskurse setzen ebenso wie Kritik und Kontrolle ein Wissen über relevante Tatsachen und Entwicklungen voraus. Auch Enthüllungen werden zunächst *berichtet*, sie sind eine Nachricht.

Auf der anderen Seite erschöpft sich die Bedeutung journalistischer Kommentare, Essays und Thesen-Stücke (explizit meinungsorientierter Darstellungsformen) keineswegs darin, direkt meinungsbildend zu sein. Diese Beiträge sind auf ihre Weise informativ: Sie zeigen dem Publikum, welche Meinungen existieren und wie diese begründet

Tab. 2: Klassische journalistische Darstellungsformen (Auswahl)

Darstellungsform	Merkmale
Meldung, Bericht	Nüchterne nachrichtliche Darstellung, tatsachenorientiert, Konzentration auf die W-Fragen (Wer, was, wann, wo, wie, warum, woher)
Kommentar	Meinungsorientierte Stellungnahme und Argumentation des Autors/der Autorin
Glosse	Anregende, humorvoll-satirische, unterhaltsame und geistreiche Betrachtung
Reportage	Lebendige, detailreiche Schilderung erlebter Situationen und Ereignisse
Porträt	Beschreibung und Bewertung einer Person und ihrer Rolle. Auch nicht-personale Akteure (Institution, Betrieb, Verein u. ä.)
Feature	Anschauliche Erklärung von komplexen Sachverhalten und Entwicklungen
News-Story (Magazinbericht, Magazingeschichte)	Thesenorientierte und erzählerische Darstellung und Bewertung aktueller Sachverhalte und Entwicklungen
...	...

Quelle: Eigene Zusammenstellung.

werden. Sie schaffen Transparenz über die Verteilung von Meinungen und die Standpunkte verschiedener Akteure im Diskurs.

Wie Darstellungsformen eingesetzt und umgesetzt werden, ist eine Frage des journalistischen Handwerks. Die unterschiedlichen Mediengattungen erfordern unterschiedliche Techniken und Fähigkeiten. Eine Film-Reportage läuft anders als eine Text-Reportage, ihre Funktionen sind aber vergleichbar (das zuschauende oder lesende Publikum an einem Geschehen teilhaben zu lassen). Und auch wenn die Arbeitsschritte von Medium zu Medium variieren, teilen viele Journalistinnen und Journalisten ein grundlegendes Verständnis davon, worauf es ankommt. Das liegt daran, dass sie sich trotz aller Spezialisierung und Arbeitsteilung als Vertreterinnen und Vertreter desselben Berufs betrachten, der eine Aufgabe hat: Öffentlichkeit herzustellen und diese mit Informationen und Meinungen zu versorgen. Auch wenn manche davor zurückschrecken, von einer »Vierten Gewalt« zu sprechen und ihren journalistischen Job als einen Dienst an der Demokratie zu betrachten: *De facto* ist er das, wenn der Beruf professionell und gewissenhaft ausgeübt wird.

Arbeitszeiten: Rhythmus und Geschwindigkeit

Eine alte Journalistenweisheit besagt: »Get it first, but first get it right!« Schnell sollst du sein, am besten der Schnellste (der Erste, der etwas veröffentlicht) – aber nur, wenn alles stimmt, was du berichtest! Die Spannung zwischen Sorgfalt und Geschwindigkeit ist dem Journalismus eingeschrieben, durch die Digitalisierung hat sie sich in einigen Redaktionen noch verschärft. Nachrichtenagenturen waren schon immer darauf gepolt, schnell zu sein und wichtige Meldungen rasch an die Redaktionen zu schicken. Nun wollen auch die Online-Medien ganz flott sein und ihr Publikum quasi in Echtzeit über Neuigkeiten auf dem Laufenden halten. Live-Berichterstattung gibt es nicht mehr nur im Rundfunk, es gibt sie auf den Online-Portalen – mit Live-Tickern, Eilmeldungen und Push-Nachrichten.

Selbst Exklusivmeldungen, die zunächst nur ein Medium »besitzt«, verbreiten sich wie ein Lauffeuer. Früher verging oft ein ganzer Tag, manchmal länger, bis andere die Nachricht übernahmen und eventuell mit eigenen Recherchen ergänzten oder weiterdrehten. Heute geht es Schlag auf Schlag. Was eben noch als »Top-Meldung« ganz oben auf einer Homepage stand, ist eine halbe Stunde später womöglich schon nach unten gerutscht. Und das, was wichtig ist oder zumindest so wirkt (weil viele User es anklicken), ruft nach mehr: nach weiteren Beiträgen zum selben Thema, nach Aktualisierungen, Vertiefungen, Seitenaspekten. Die Maschine steht nie still.

Weil viele Menschen gleich morgens als Erstes die News-Apps auf ihrem Smartphone oder Tablet aufrufen, müssen die einschlägigen Seiten bereits am frühen Morgen aktuelles Material liefern. Wer noch die Beiträge vom Vorabend bringt, sieht alt aus. Nichts ist so alt wie die Zeitung von gestern, hieß es im vergangenen Jahrhundert. Heute ist schon der Internetbeitrag, der vor einer Stunde erschienen ist, nicht mehr frisch. Es gab Zeiten, da schliefen Journalisten lang und gingen spät zu Bett. Heute sind die Redaktionen oft schon sehr früh am Werk. Und zu später Stunde immer noch.

Im Journalismus zu arbeiten, bedeutet nun in vielen Fällen, sich in einen Schichtbetrieb einzugliedern. Frühschicht, Mittagsschicht, Spätschicht – das ist vor allem für jene Bereiche des Berufs wichtig, in denen rund um die Uhr geplant, koordiniert und produziert werden muss. Doch es gibt nach wie vor auch noch andere Job-Profile, für die ein anderer Rhythmus gilt. Es gibt die Magazin-Reporterin, die viel Zeit zum Recherchieren bekommt und in der Zeit, in der sie an einem aufwendigen Text arbeitet, den schnellen Nachrichtenschlag und das Pulsieren der Redaktion ignorieren kann. Es gibt die Investigativ-Abteilungen, die manchmal Tag und Nacht über einer brisanten Geschichte brüten, aber wochenlang keinen einzigen Beitrag liefern, bevor sie dann auf einen Schlag ihren »Scoop« landen. Als »Scoops« werden im Journalismus wirklich überraschende oder sensationelle Berichte und Enthüllungen bezeichnet, die eine Redaktion exklusiv beziehungsweise früher als alle anderen Medien veröffentlicht.

Grob eingeteilt gibt es zwei Geschwindigkeiten, die den Journalismus beherrschen: erstens das schnelle Tagesgeschäft, in dem ein hoher Tempodruck herrscht, es oft sogar auf die Minute oder die Sekunde ankommt und ein Beitrag auf den anderen folgt. Und zweitens die langsamere, weniger stark von Terminen geprägte Hintergrundarbeit, für die Journalistinnen und Journalisten mehr Zeit haben – was aber nicht bedeutet, dass es gar keine Fristen gibt und es nicht auch dort stressig zugehen kann.

Trägheit ist im Journalismus generell keine erträgliche Eigenschaft. Schieres Tempo oder gar Raserei sind aber auch keine Tugenden. Es sollen ja nicht nur Fehler vermieden, es soll Substanzielles geliefert werden, Relevantes und Interessantes. Ob eine Redaktion in einen Beitrag Zeit und Mühe investiert hat oder ob sie eher nachlässig ein 08/15-Stück produziert hat – das geneigte Publikum merkt es.

Arbeitsregeln: Sorgfalt und Fairness

Die unterschiedlichen Formate und Darstellungsformen haben zwar ihre je eigenen Merkmale und Regeln, dementsprechend steht der Redakteur einer politischen Radio-Talkshow vor anderen Herausforderungen als die Reporterin eines Magazin wie *Geo*. Die Agenturjournalistin, die schwerpunktmäßig das Kanzleramt und die großen Linien der Politik abdeckt, hat einen anderen Alltag als ein Lokalzeitungsjournalist, der heute über den Gemeinderat und morgen über die Karnevalssitzung berichtet. Dennoch gibt es einige journalistische Arbeitsregeln, die viele dieser Tätigkeiten verbinden und die aus der öffentlichen Aufgabe des Journalismus folgen.

So sind Sorgfalt und Fairness im Journalismus wichtige Gebote, die sicherstellen (sollen), dass erstens die Informationen, die von den Medien geliefert werden, akkurat und für die Orientierung des Publikums und den demokratischen Diskurs tatsächlich geeignet sind – und dass dabei, zweitens, die Rechte und Sichtweisen relevanter Akteure ausreichend respektiert und berücksichtigt werden. Würden diese Anforderungen systematisch und dauerhaft verletzt, würde der Journalismus der Demokratie und der offenen Gesellschaft nicht nur einen schlechten Dienst erweisen, sondern diese sogar schädigen oder sogar zerstören.

An den Journalismus richten sich andere Erwartungen als an eine spontane Alltagskommunikation: Obwohl es wünschenswert sein mag, dass auch in Gesprächen am Küchentisch oder am Stammtisch solide informiert und sauber argumentiert wird, sind die Ansprüche und Erwartungen dort (realistischerweise) niedriger. Doch im Journalismus genügt es nicht, sich aufs Hörensagen zu berufen oder einfach mal eine steile These in den Raum zu werfen. Die Berichte und Kommentare sollten schon mehr Substanz haben. Dennoch können sie umstritten sein.

Tab. 3: Normative Ansprüche an den Journalismus

Leistung (Funktion)	Unterschiedliche Meinungen/Argumente präsentieren	Nachrichten, Fakten, Analysen liefern	Missstände, Fehler, Fehlverhalten beleuchten
Normative Ansprüche	Fairness	Substanz und Sorgfalt	Kritische Prüfung, Hinterfragen (»Scrutiny«)
Dimensionen, Aspekte (Auswahl)	Unvoreingenommenheit, Hören anderer Seite, sinngetreue Wiedergabe	Relevanz, Verifikation, Informationsdichte, -tiefe und -breite	Verifikation, Zusammenhänge und Hintergründe erkennen, Geheimnisse aufdecken

Quelle: Eigene Darstellung, angelehnt an Asp 2007, S. 33.

Die Sorgfaltspflicht des Journalismus ist in Deutschland sogar gesetzlich verankert, sie findet sich in den Presse- und Mediengesetzen der Bundesländer. Eine gängige Formulierung lautet, die Presse müsse »alle Nachrichten vor ihrer Verbreitung mit der nach den Umständen gebotenen Sorgfalt auf Inhalt, Herkunft und Wahrheit prüfen« (so z. B. das Landespressegesetz in Nordrhein-Westfalen).

Was zunächst etwas vage klingt, kann in Gerichtsverfahren eine große Bedeutung gewinnen und für den jeweiligen Fall konkretisiert werden. Man denke an folgende Situation: Einem Unternehmen werden auf der Basis haltloser Gerüchte schwere Vorwürfe in einer Zeitung gemacht. Die Firma verliert teure Aufträge und rasant an Wert, geht sogar bankrott und muss ihre Beschäftigten entlassen. Die

Vorwürfe waren aber nicht nur falsch, die Journalisten gaben sich gar keine Mühe, sie zu überprüfen. Sie hatten keine Belege, keine nennenswerten Zeugen, sie fragten nicht einmal bei der Firmenleitung nach. In diesem Szenario hätte die Redaktion nicht nur gegen die Sorgfaltspflicht und die journalistischen Arbeitsregeln verstoßen, sie könnte große juristische und finanzielle Schwierigkeiten bekommen, unter anderem durch Ansprüche auf Schadenersatz.

Wenn Journalisten sorgfältig arbeiten, dürfen sie in einer sogenannten Verdachtsberichterstattung durchaus Vorwürfe öffentlich machen, von denen noch unklar ist, ob sie zutreffen. Ohne diese Möglichkeit wäre es den Medien kaum möglich, kritisch zu berichten und mutmaßliche Missstände aufzudecken, die noch nicht offiziell, etwa von einem Gericht, festgestellt worden sind. Doch Sorgfalt und Fairness sind unverzichtbar, um der Verantwortung als Vierte Gewalt gerecht zu werden. Im journalistischen Alltag gilt es daher, einige Regeln zu beachten und auf die jeweilige Situation anzuwenden:

- Distanz zu Gerüchten und bloßem Hörensagen
- Quellen von Informationen überprüfen (seriös? zuverlässig? zuständig? usw.)
- Fakten so weit wie möglich überprüfen (stimmen Zahlen, Namen, Orte, Zitate, Zusammenhänge, empirische Aussagen?)
- Zwei-Quellen-Prinzip: möglichst zwei oder mehr Quellen für Informationen haben
- *Audiatur et altera pars* (»zu hören ist auch der andere Teil«): im Falle von Vorwürfen/Anschuldigungen unbedingt eine Stellungnahme der Betroffenen einholen – und generell möglichst viele Perspektiven recherchieren und die »Gegenseite« anhören.

Sogar in Meinungsbeiträgen (Kommentaren) sind diese Regeln wichtig. Zwar kommt es dort nicht darauf an, Gegenstimmen zu Wort kommen zu lassen, und schon gar nicht ist eine unentschlossene Ausgewogenheit das Ziel. Doch auch Meinungsbeiträge sollten auf einer soliden Tatsachengrundlage beruhen. Und es ist sinnvoll, zumindest in der Recherche und im Nachdenken vor dem Verfassen eines Kommentars die (möglichen) Gegenargumente zu bedenken. Nicht nur Nachrichten, auch Meinungen und Debatten sollen im Journalismus sorgfältig und fair aufbereitet und dargestellt werden. Fairness ist nicht zu verwechseln mit Kritiklosigkeit, Willfährigkeit oder übertriebener Ehrfurcht. Im Journalismus darf es keine Scheu geben, den Mächtigen und Ehrbaren Ärger zu bereiten, wenn sie dafür Anlass geben.

Schlüsselbegriffe
Ressorts, Arbeitsteilung, journalistische Darstellungsformen, Deadline, Exklusivmeldung, Scoop, Sorgfaltspflicht, Verdachtsberichterstattung, Fairness, Zwei-Quellen-Prinzip, *Audiatur et altera pars*

Fragen zum Weiterdenken

- Wenn etwas Schreckliches geschieht, zum Beispiel ein Terroranschlag, entsteht ein großes Informationsbedürfnis. Zunächst ist die Lage aber oft unübersichtlich und vieles noch unklar. Wie sollten Redaktionen damit umgehen (speziell: wenn sie live berichten)?
- In den USA wird traditionell stärker als in Deutschland zwischen Redakteuren und Reportern unterschieden (die einen planen, redigieren, kontrollieren, die anderen schreiben, besuchen Termine, treffen Protagonisten). Welche Vorteile und welche Nachteile hat eine strikte Trennung?
- Inwiefern können auch journalistische Beiträge über Themen wie Sport und Freizeit oder über das Leben von Prominenten einen wertvollen Beitrag zur öffentlichen Meinungsbildung leisten und zum »Dienst an der Demokratie« dazugehören?

Literaturtipps zum Weiterlesen
Haarkötter, Hektor 2019: Journalismus Online. Das Handbuch zum Online-Journalismus. Köln: Herbert von Halem Verlag.

Mit Illustrationen und »Checklisten« gestaltete Einführung in die Praxis des Online-Journalismus.

Haller, Michael 2016: Methodisches Recherchieren. München: UVK.
Leitfaden zu Recherchetechniken, zugleich eine Geschichte des Recherchierens. Hilfreich auch für Menschen, die nicht als Journalist arbeiten.

Wolff, Volker / Schultz, Tanjev / Kieslich, Sabine 2021: Zeitungs- und Zeitschriftenjournalismus. Schreiben für Print und Online. 3. Aufl., Köln: Herbert von Halem Verlag.
Ein Lehrbuch, das die journalistischen Handwerksregeln erklärt, viele Tipps gibt und an realen Beispielen zeigt, wie Texte geschrieben werden (Darstellungsformen).

Im Kapitel zitierte Literatur

Asp, Kent 2007: Fairness, Informativeness and Scrutiny. The Role of News Media in Democracy. In: Nordicom Review, Jubilee Issue, S. 31–49.

Bösch, Frank: Mediengeschichte. 2. Aufl., Frankfurt/M.: Campus.

Kisch, Egon Erwin 1925: Der rasende Reporter. Berlin: Erich Reiss Verlag.

4

»Fake News Media« – Medienrealität als Zerrbild? Journalismus in der Kritik

Kritik am Journalismus hat es schon immer gegeben, an einzelnen Beiträgen ebenso wie am gesamten Mediensystem. Es wäre beunruhigend, wenn es anders wäre. Die Medien müssen sich wie jede andere Institution und jeder andere gesellschaftliche Akteur hinterfragen lassen. Wie berechtigt konkrete Kritikpunkte jeweils sind, ist eine andere Frage und oft nicht einmütig zu klären. Das ist kein Drama, sondern normal in einer pluralistischen Gesellschaft.

Allerdings haben sich in den vergangenen Jahren in Teilen von Politik und Öffentlichkeit Muster der Medienkritik verbreitet, die von besonderer Härte und Pauschalität gekennzeichnet sind und darauf hinauslaufen, dem Journalismus üble Machenschaften und eine Irreführung des Publikums zu unterstellen. Rhetorischer Kristallisationspunkt dieser bis zur Medienfeindlichkeit gesteigerten Kritik ist der »Lügenpresse«-Vorwurf. Demnach würden die etablierten (Leit-)Medien in Ländern wie der Bundesrepublik die Bevölkerung bewusst täuschen.

So stimmten am Ende des Jahres 2019 in der »Langzeitstudie Medienvertrauen« (Uni Mainz), für die Personen ab 18 Jahren repräsentativ befragt werden, 18 Prozent der Aussage zu: »Die Bevölkerung in Deutschland wird von den Medien systematisch belogen.« Während der Corona-Pandemie sank die Zustimmung Ende des Jahres 2020 auf elf Prozent (Jakobs u. a. 2021, S. 154). Offenbar hat die Krisenerfahrung die Bevölkerung zu mehr Besonnenheit und zu einer Besinnung auf die Leistungen der Medien gebracht, trotz teilweise sicherlich berechtigter Kritik an der Berichterstattung und trotz einer offenbar überschätzten, medial sehr präsenten Bewegung radikaler Corona-Leugner. Zur Vorstellung der systematischen Lüge kommt die verschwörungstheoretische Idee hinzu, die Medien und die Regierung würden »Hand in Hand arbeiten«, um die Meinung der Bevölkerung zu manipulieren. Dieser Behauptung stimmten in der zitierten Studie am Ende des Jahres 2019 immerhin 23 Prozent zu, also fast jeder vierte Befragte. Ende des Krisenjahres 2020 waren es 15 Prozent (▶ Abb. 6).

Ähnlich wie »Lügenpresse« wird auch »Fake News« mittlerweile als politischer Kampfbegriff eingesetzt, nicht zuletzt in den USA, wo Donald Trump ihn populär gemacht und immer wieder gegen kritische Journalisten gerichtet hat. Missliebige Medien rhetorisch zu attackieren, ist aber nicht nur ein gängiges Mittel von Populisten, Extremisten und Diktatoren. Es hat auch unter demokratischen Politikern eine gewisse Tradition. Ob Helmut Schmidt, Helmut Kohl, Franz Josef Strauß oder Gerhard Schröder – auch in der Geschichte der Bundesrepublik haben sich Kanzler und Spitzenpolitiker gelegentlich abfällig über die Medien geäußert. Schmidt bezeichnete Reporter als »Wegelagerer«, der damalige SPD-Politiker Oskar Lafontaine beklagte sich über »Schweine-Journalismus«, der CSU-Politiker Strauß bezeichnete Intellektuelle und Publizisten als »Ratten und Schmeißfliegen«. Kanzler Kohl soll die Medienlandschaft schonungslos in Freunde und Feinde eingeteilt haben.

4 »Fake News Media« – Medienrealität als Zerrbild? Journalismus in der Kritik

Vertrauen in Medienberichterstattung 2016 bis 2020
Personen ab 18 Jahren, Angaben in %

Die Bevölkerung in Deutschland wird von den Medien systematisch belogen

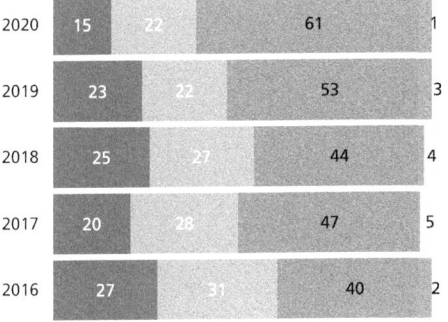

Die Medien und die Politik arbeiten Hand in Hand, um die Meinung der Bevölkerung zu manipulieren

- trifft eher/voll und ganz zu
- teils, teils
- trifft eher nicht/überhaupt nicht zu
- weiß nicht

Frage: „Denken Sie nun bitte noch einmal an die etablierten Medien in Deutschland zurück, also an die großen Fernsehsender und Zeitungsverlage. Wir haben einmal eine Reihe von Aussagen aufgelistet, was denken Sie, welche dieser Aussagen treffen Ihrer Meinung nach zu, welche treffen nicht zu?"
Basis: alle Befragten (n = 1 200). Geringfügige Abweichungen von 100 Prozent aufgrund von Rundungen.

Abb. 6: Scharfe Medienkritik (Medienzynismus/-feindlichkeit) in Deutschland.
Quelle: Mainzer Langzeitstudie Medienvertrauen (Jakobs u. a. 2021).

Dass Politiker Kritik nicht angenehm finden und nicht immer souverän wegstecken, versteht sich von selbst. Bei demokratischen Politikern sollte das aber nicht dazu führen, die Medien und ihre öffentliche Aufgabe grundsätzlich abzulehnen oder zu diffamieren. Trumps Angriffe in den USA waren in ihrer Härte und Zuspitzung für eine etablierte Demokratie beispiellos. Er heizte bei seinen Fans eine Stimmung an, die sich am Ende seiner Amtszeit im sogenannten Sturm auf das Kapitol entlud. Der Mob griff das Zentrum der amerikanischen Demokratie an. An eine Tür des Kapitols wurde der Slogan »Murder the Media« geschmiert.

Was sich Politiker vom Schlage Trumps und die »Lügenpresse«-Rufer in Deutschland leicht zunutze machen können, ist die Tatsache, dass wohl niemand vollkommen zufrieden mit »den« Medien ist – dass es stets Skepsis, Verärgerung oder Enttäuschung über dieses oder jenes in der Berichterstattung gibt und der Journalismus, obwohl er nach seinem Selbstverständnis als Vierte Gewalt die Mächtigen kontrollieren soll, schnell selbst als abgehobener Teil einer gesellschaftlichen Elite empfunden wird.

Die Medien sind nicht frei von Fehlern. Mehr noch: Die Medienrealität ist nicht gleichzusetzen mit »der Wirklichkeit«. Die Berichterstattung erzeugt ein bestimmtes Bild von der Wirklichkeit – und wie dieses Bild aussieht, hat etwas mit der Medienlogik, mit der Arbeitsweise, den Regeln und Produktionsbedingungen im Journalismus und in den Redaktionen zu tun.

In der Medienforschung wird schon seit Jahrzehnten, wie in der oben zitierten Definition von Klaus Meier (▶ Kap. 1), von Wirklichkeits*konstruktionen* gesprochen, was bei oberflächlicher Betrachtung den Eindruck erwecken mag, sogar die Wissenschaft gehe davon aus, dass die Medien systematisch »Fake News« in die Welt setzen würden. So schlimm und so simpel ist es nicht. Es muss zwischen verschiedenen Phänomenen unterschieden werden.

Auch im Journalismus gibt es Beispiele für Lüge, Betrug und Täuschung. Jenseits dieser spektakulären, aber insgesamt doch seltenen

Fälle liegen die größeren, weil alltäglichen und kontinuierlichen Probleme und Problemzonen im Journalismus: erstens die unabsichtlichen Fehler und zweitens die strukturell oder ideologisch bedingten Verzerrungen der Berichterstattung.

Lug und Trug

Im Dezember 2018 erschien *Der Spiegel* mit einer Parole auf dem Heftcover, die seit Jahren als Sinnspruch im Foyer des *Spiegel*-Bürogebäudes in Hamburg zu lesen ist: »Sagen, was ist«. Dieses Motto soll vom *Spiegel*-Gründer Rudolf Augstein stammen und sollte schon immer den Journalismus des investigativen Nachrichtenmagazins leiten. Die Wahrheit berichten, wie unbequem sie auch sei – das schwingt hier mit. Zur Vierten Gewalt gehört die Tendenz, sich als couragierter Ritter der Wahrheit zu inszenieren.

Nun, im Dezember 2018, richtete sich die Lanze gegen die eigene Redaktion. Ein *Spiegel*-Journalist war mit erfundenen Geschichten aufgeflogen. Der junge Reporter Claas Relotius hatte mit seinen Texten etliche Preise gewonnen, die Redaktion und die Branche hatten ihn für seine einfühlsamen, sehr gut geschriebenen Geschichten gefeiert. Wie sich dank der Hartnäckigkeit des misstrauisch gewordenen *Spiegel*-Kollegen Juan Moreno herausstellte, waren diese Geschichten jedoch in wesentlichen Teilen Produkte der Fantasie.

Relotius hatte unter anderem Reportagen aus Syrien und den USA geliefert – mit Personen und Situationen, die es so nicht gab. Weder die Redaktion noch die berühmte *Spiegel*-Dokumentation, die alle Fakten in den Manuskripten überprüfen soll (nur wenige Medien leisten sich solche Abteilungen), hatten den Fake rechtzeitig erkannt. Der Skandal löste in der Branche ein zumindest kleines Beben aus. Nicht nur im *Spiegel* fragte man sich, wie so etwas passieren konnte.

Der Fall wurde als Schmach empfunden; solche Medien-Skandale bekräftigen letztlich die journalistischen und ethischen Normen,

4 »Fake News Media« – Medienrealität als Zerrbild? Journalismus in der Kritik

Abb. 7: *Spiegel*-Cover »Sagen, was ist« (DER SPIEGEL 52/2018).

deren Bruch im Zuge der Skandalisierung beklagt wird. Das Publikum soll wahrhaftig informiert werden. So wurde es bereits als Formel der Selbstbeglaubigung von den Vorläufern und Vorfahren des modernen Pressewesens betont: Etliche Zeitungen führten damals das Wort »wahrhaftig« schon im Namen, wie die *Warhafftige Newe Zeitung* aus Erfurt im 16. Jahrhundert (▶ Abb. 8, vgl. Wilke 2016).

Dass diese Tradition, die den Journalismus auf die Wahrheitssuche einschwört, nicht ganz verhindert, dass Fälle bewusster Lüge und Fälschung auftreten, ist ernüchternd, aber nicht völlig überraschend. Überall, wo Menschen arbeiten, Geld verdienen und Karriere machen, ist mit Fehlverhalten zu rechnen. So auch im Journalismus.

Offensichtlich hatten im Fall Relotius sämtliche Sicherungsmaßnahmen versagt (vgl. Fehrle u. a. 2019). Relotius ging geschickt vor, war beliebt, galt als bescheiden und zurückhaltend, man ließ ihm große Freiräume und freute sich über die perfekt wirkenden Texte. Es ist sicher kein Zufall, dass der Betrug in einem journalistischen Metier

Abb. 8: Die *Warhafftige Newe Zeitung* vom 9.8.1556 (SB Berlin – Preußischer Kulturbesitz, Flugschr. 1556/7; Public Domain Mark 1.0).

geschah, das stärker als andere auf die individuelle, subjektive Leistung setzt: die Textreportage aus dem Ausland. Reportagen stützen sich oft auf scheinbar kleine Details und leben von miterlebten Situationen, die oft nur schwer rückwirkend überprüft werden können. Berichtet eine Journalistin über die Politik der Bundesregierung oder über ein Sportfest im Dorf, wird sich umgehend Protest regen, wenn sie Dinge behauptet, die nicht stimmen, und Ereignisse schildert, die gar nicht stattgefunden haben. Bei einer Reportage über Kriegsflüchtlinge in Syrien ist es dagegen unwahrscheinlich, dass sich Augenzeugen melden, wenn ein deutsches Magazin etwas Falsches schreibt.

Zur Wahrheit gehört allerdings auch, dass *Der Spiegel* Claas Relotius viel früher auf die Spur hätte kommen können. Es gab Hinweise auf Ungereimtheiten, die nicht weiter beachtet wurden. Einige Passagen wären schnell aufgeflogen, wenn die Dokumentation die Texte ordnungsgemäß geprüft hätte.

Der Medienskandal hat Diskussionen über die Standards bei Reportagen und generell bei der journalistischen Arbeit ausgelöst, nicht nur beim *Spiegel* (vgl. Schultz 2021). Viele Redaktionen sind dazu übergegangen, den Autoren mehr Pflichten bei der Dokumentation ihrer Recherchen aufzuerlegen. Schon zur eigenen Absicherung gehen Reporterinnen und Reporter dazu über, wann immer es geht, ihre Gespräche und erlebten Situationen auch auf Fotos, Videos oder Audiodateien festzuhalten. Wie lange diese gesteigerte Sorgfalt und Kontrolle anhält, muss sich noch erweisen. Es ist ja auch nicht so, dass es vor Relotius nicht schon vergleichbare Fälle gegeben hätte. Legendär sind die vermeintlichen Hitler-Tagebücher, mit denen der *Stern* 1983 dachte, einen unglaublichen »Scoop« zu landen. Unglaublich war es wirklich, ansonsten aber stimmte nichts.

> **Die »Hitler-Tagebücher«**
> Im April 1983 veröffentlichte der *Stern* eine vermeintliche Weltsensation: Adolf Hitlers geheime Tagebücher. Die Illustrierte hatte die Bände für einen Millionenbetrag erworben und eine forensische Untersuchung, die das Bundeskriminalamt vornahm, nicht abgewartet. So saß das Blatt dem Fälscher Konrad Kujau auf. Schon nach wenigen Tagen flog der Schwindel auf und der *Stern* stand blamiert bis auf die Knochen da. Die Chefredaktion trat zurück. Die Spielfilm-Satire *Schtonk!* von Helmut Dietl erzählt die Affäre in satirischer Form und wurde auch international beachtet. Der *Stern* selbst bemühte sich um eine Verarbeitung des großen Reinfalls. Zum 70-jährigen Bestehen der Illustrierten brachte er die Podcast-Serie »Faking Hitler« heraus.

In den 1990er Jahren gelang es dem Journalisten Tom Kummer, erfundene Interviews mit US-Showstars an das *SZ-Magazin* zu verkaufen – auch das ein schwerwiegender Eklat. Das Fernsehen hat seine eigenen Skandale: Bei »Stern TV« (RTL) liefen Enthüllungsfilme, unter anderem über den Ku-Klux-Klan, die sich als Fake entpuppten. Der Filmemacher Michael Born, der 1996 vor Gericht kam und wegen

Betrugs verurteilt wurde, hatte seine Beiträge wild zusammengeschustert. Für den Film über den Ku-Klux-Klan hatte er kurzerhand seine Freunde in weiße Kutten gesteckt.

Trotz intensiver Debatten rund um den Fall Relotius gab es anschließend neue Vorfälle: Der vom NDR mitproduzierte und preisgekrönte Dokumentarfilm *Lovemobil* (2019) begleitete Prostituierte, die in Niedersachsen auf der Straße im Wohnwagen anschaffen. Wie sich herausstellte, waren die Protagonistinnen und die Szenen nicht authentisch, sondern gespielt, ohne dass dies kenntlich gemacht wurde. Der NDR distanzierte sich von dem Film. Soll es Journalismus sein, wird erwartet, dass er sich auf die Schilderung von Tatsachen beschränkt und jede Form der Erfindung vermeidet. Werden Szenen nachgestellt, muss dies transparent gemacht werden.

Fehler und Versagen

Außer Lügen und Fälschungen kommen im Journalismus immer wieder Fehler vor. Wo diese zwar nicht beabsichtigt, aber die Folge grober Nachlässigkeit oder struktureller Mängel sind, kann der Begriff »Fehler« zu harmlos sein und auch die Frage naheliegen, ob manche Irreführungen nicht zumindest billigend in Kauf genommen werden. Fehler können passieren, aber wo endet die Unschuld, wo beginnt ein zumindest bedingter Vorsatz? Auch wenn einige Vorfälle die Juristen beschäftigen, geht es bei irreführender Berichterstattung zunächst um die Professionalität und Ethik des Journalismus – und um die Frage, wie gut er seine öffentliche Aufgabe erfüllt.

Jeder Mensch, der Zeitung liest, Radio hört und Fernsehen schaut, wird schon über Fehler von Journalisten gestolpert sein. Namen werden falsch geschrieben, Zahlen verdreht, Fakten schief dargestellt – und oft ist schnell erkennbar, dass hier nicht wider besseres Wissen (und in der bösen Absicht, andere zu manipulieren) falsch berichtet wurde, sondern aus Unkenntnis, Hast, Schlamperei.

Ein Beispiel: Im Januar 2017 brachten *Die Zeit* und einige andere Medien in ihren digitalen Ausgaben eine Eilmeldung zum NPD-Verbotsverfahren heraus: »Bundesverfassungsgericht verbietet NPD« lautete die Schlagzeile beim *Spiegel*. Das war falsch. Die Richterinnen und Richter hatten die NPD keineswegs verboten, der Vorsitzende des zuständigen Senats hatte lediglich zu Beginn der Urteilsverkündung noch einmal den Antrag des Bundesrats referiert, der auf ein Verbot der NPD abzielte. Das war in der Eile prompt schon als Ergebnis des Urteils aufgefasst worden. Die Redaktionen bemerkten den Fehler und konnten ihn rasch korrigieren. Peinlich war er trotzdem – und damit eindrucksvoll gezeigt, wie der Journalismus, wenn er dem Geschwindigkeitsrausch erliegt, an die Wand fahren kann.

Es würde zu kurz greifen, allein das hohe Tempo im Nachrichtengeschäft für Fehler und Versagen im Journalismus verantwortlich zu machen. Dazu kommt ein unheilvoller Herdentrieb: Die Redaktionen orientieren sich an dem, was andere Redaktionen tun. Diese sogenannte Ko-Orientierung im Journalismus bewirkt, dass Fehler oder Verzerrungen von anderen übernommen werden und sich sogar potenzieren können.

Noch Jahre nach einer fehlerhaften Berichterstattung kann die Ko-Orientierung im Journalismus erneut zu Problemen führen. Denn die Archive vergessen nichts – und so wird dann zum Beispiel ein Interviewpartner wieder und wieder mit alten Geschichten konfrontiert, die womöglich schon damals nicht stimmten oder jedenfalls nicht exakt wiedergegeben wurden. Man verlässt sich auf das, was andere veröffentlicht haben, und gerade bei brisanten Entwicklungen wie in Krisen und Kriegen kann das fatal sein. Es gibt nur wenige, die sich wirklich auskennen und nah genug am Geschehen sind, andere übernehmen nur, was schon irgendwo stand. Zugleich sind gerade die brisanten Situationen oft besonders unübersichtlich. Die Sachlage ist nicht klar, Quellen sind unzugänglich oder haben ein Interesse an falschen oder halbwahren Darstellungen. Leicht wird ein Journalist zur Beute der eigenen Vorurteile.

Selbst auf offizielle Quellen, die gemeinhin als zuverlässig gelten, ist nicht unbedingt Verlass. Behörden können irren oder eigene Interessen verfolgen, die es zu hinterfragen gilt. Ermittler von Polizei und Staatsanwaltschaft zum Beispiel können versucht sein, Versäumnisse kleinzureden oder sogar zu vertuschen und dafür angebliche Erfolge aufzubauschen. Statt das verhängnisvolle Versagen und etwaige Verstrickungen der Sicherheitsbehörden aufzuhellen, folgten die Medien unter anderem bei der Mordserie der Neonazi-Terrorgruppe »NSU« jahrelang den falschen Fährten, auf denen sich die Polizei und die Geheimdienste bewegten (vgl. Schultz 2018). Schlimmer noch, die Medien trugen mit dazu bei, die Familien der Opfer zu kriminalisieren, indem sie Klischees von kriminellen Ausländerbanden bedienten und die Anschläge als »Dönermorde« etikettierten.

Wie den Behörden und der Politik kann es auch den Medien schwerfallen, die Richtung zu wechseln, alternative Ansätze zu verfolgen und von einem einmal angelegten Schema wieder abzulassen. Ein anderes Beispiel, das die Medienbranche zumindest für eine Weile nachdenklich werden ließ, war der Fall Sebnitz im Jahr 2000. Diesmal richtete sich der Verdacht gegen Neonazis. In einem Freibad in der sächsischen Kleinstadt Sebnitz sollen sie am helllichten Tag und bei vollem Betrieb des Bades einen kleinen Jungen drangsaliert und ertränkt haben. Tatsächlich leitete die Staatsanwaltschaft zwei Jahre nach dem Tod des Jungen Ermittlungen gegen drei angebliche Rechtsextremisten ein. Die *Bild*-Zeitung erfuhr davon und brachte die Geschichte auf die Titelseite – ohne Konjunktiv, ohne Unschuldsvermutung. Andere Medien folgten der Vorverurteilung, Sebnitz wurde von Reportern belagert. Nach und nach kamen jedoch Zweifel an der Tatversion auf. Am Ende weiterer Recherchen und Ermittlungen blieb von den Vorwürfen nichts übrig. Offenbar war der Tod des Jungen ein tragischer Badeunfall, kein Mord. Und viele Medien waren in ihren Urteilen zu voreilig gewesen.

Sehr oft sind Journalistinnen und Journalisten mit Situationen konfrontiert, in denen Unsicherheit herrscht und in denen sie sich weder zu haltlosen Spekulationen noch zu voreiligen Festlegungen hinreißen lassen dürfen. Vorsichtig zu sein, muss als Tugend im

Journalismus gelten. Sie steht allerdings im Widerstreit mit anderen Tugenden und Erwartungen – nicht nur dem Tempo-Druck, auch dem Verlangen nach pointierter Darstellung. Die Folge: unbeabsichtigte Fehler oder beabsichtigte Zuspitzungen, die bis an die Grenze des sachlich Korrekten und ethisch Richtigen gehen können – oder darüber hinaus.

Manchmal können bereits sprachliche Details einer Aussage eine andere Richtung geben. Während der Corona-Pandemie berichtete *Der Spiegel* mehrmals kritisch über Bundesgesundheitsminister Jens Spahn. Kurzzeitig geriet ein Unternehmen ins Visier, für das Spahns Ehemann arbeitete. Die Firma soll an einem Masken-Geschäft beteiligt gewesen sein, also an der Beschaffung medizinischer Mund-Nasen-Masken, die dringend benötigt wurden. Der Fall sah zunächst aus wie ein weiterer Skandal, denn zuvor waren bereits mehrere Abgeordnete aufgeflogen, weil sie sich an dubiosen Deals beteiligt und an der Masken-Beschaffung bereichert haben sollen. Vor diesem Hintergrund weckte die Meldung über Spahns Ehemann unschöne Assoziationen. Die Zeile lautete in einer ersten Version: »Firma von Spahns Ehemann verkaufte Masken ans Gesundheitsministerium« (21.3.2021). Außer fragwürdigen Geschäften legte diese Schlagzeile sprachlich nahe, Spahns Ehemann würde die Firma besitzen. Doch dieser war dort nur Angestellter. Auch sonst sollte sich der Skandalgehalt als dürftig erweisen (die Firma kassierte offenbar kein Geld usw.). *Der Spiegel* rückte die Sache zurecht und veränderte die Überschrift: »Arbeitgeber von Spahns Ehemann verkaufte Masken ans Gesundheitsministerium«.

Offene und verdeckte Tendenz

Als Merkmal für Qualität im Journalismus gilt die Trennung von Information und Meinung, von Nachricht und Kommentar. Kritik an den Medien bezieht sich häufig darauf, dass diese Trennung nicht eingehalten werde und Beiträge offen oder verdeckt eine politische

Offene und verdeckte Tendenz

Tendenz zeigten. Wer solche Vorwürfe erhebt, muss sich zunächst damit auseinandersetzen, dass es im Journalismus Medien gibt, die von vornherein gar nicht den Anspruch erheben, eine strikte Trennung einzuhalten. Sie sehen ihre Aufgabe zum Beispiel darin, dem Publikum auf der Basis umfangreicher Recherchen eine Entwicklung zu erklären, sie aber auch zu bewerten. So geht unter anderem der thesenorientierte Magazinjournalismus vor, wie *Der Spiegel* und einige politische TV-Magazine ihn betreiben. Werden dabei die Gebote der Sorgfalt und Fairness eingehalten, erscheint das legitim und sogar bereichernd für den Diskurs – jedenfalls dann, wenn es eine Vielfalt an Medien und Formaten im Angebot gibt, sodass sich die unterschiedlichen journalistischen Ansätze ergänzen können.

Die überregionalen Blätter verstehen sich in der Regel als »Autorenzeitungen«, die von den Kommentaren und Analysen und vom individuellen Stil der Journalistinnen und Journalisten leben. Meinungshaltige Stücke finden sich dort nicht nur in den Kommentarspalten, sondern auch in den Hintergrundberichten der Korrespondenten, in Feuilletonartikeln oder langen Essays der Wochenendausgaben. Sie können anregende Beiträge für die Deutung und Bewertung aktueller Ereignisse und Entwicklungen liefern und die oft etwas kurzatmigen, inhaltlich enger gefassten klassischen Kommentare ergänzen.

Die Gefahren eines von vornherein auf die Vermischung von Information und Meinung angelegten Journalismus liegen auf der Hand: Verlust an Distanz, Belehrung und Bevormundung des Publikums, Missbrauch der journalistischen Macht bis hin zur gezielten Kampagne, die Verwandlung des Journalismus in Aktivismus. Redaktionen berichten und bewerten, kritisieren und kontrollieren dann nicht nur, sie schlüpfen selbst in die Rolle politischer Akteure. Wo die Grenzen genau verlaufen, ist umstritten.

Solche Rollenwechsel und Grenzüberschreitungen, die Fragen nach der Legitimität der Vierten Gewalt provozieren, sind nicht nur, aber in augenfälliger Weise dem Boulevardjournalismus anzulasten. Seine Schlagzeilen vermeiden die nüchterne Nachrichtensprache und setzen konsequent auf Emotionalisierung und Skandalisierung. Unterhalb der Ebene offensichtlicher Wertungen können aber selbst in jenen Bereichen des Journalismus, in denen es distanzierter zugeht und auf eine Trennung von Information und Meinung geachtet wird, subtilere Formen einer weltanschaulichen Färbung der Berichterstattung vorkommen. Das liegt schon daran, dass weder Sprache noch Bilder völlig neutral sein können. Jeder Beitrag, auch der streng nachrichtliche, ist normativ imprägniert. Er zehrt von bestimmten Hintergrundannahmen, sozialen Selbstverständlichkeiten, mitschwingenden Ordnungsvorstellungen und Assoziationen.

Frames und Framing
Als »Frames« werden Deutungs- oder Bezugsrahmen bezeichnet, man könnte auch von einem Interpretationsschema oder Deutungsmuster sprechen, das auf ein Thema gelegt wird. Die Informationen werden in eine Ordnung gebracht, manches wird weggelassen, anderes prominent berichtet. So kann eine Tendenz entstehen, ohne dass die Beiträge explizit wertend sind. Denn das Framing deutet Themen oder definiert Probleme auf eine bestimmte Art und Weise (und weist in eine bestimmte Richtung zur Lösung). »Framing« bezeichnet demnach das (bewusste oder unbewusste) Anlegen von Frames bzw. die in Medienbeiträgen vorfindbaren Frames. In der Forschung gibt es unterschiedliche Ansätze und diverse Fallstudien zum Framing (vgl. Matthes 2021). An konkreten Themen kann untersucht werden, welche Aspekte im Vordergrund stehen, zum Beispiel, ob in Berichten über Bildungspolitik eher Fragen der Leistungsorientierung oder Fragen der Chancengerechtigkeit thematisiert werden. Oder bei der Berichterstattung über Datenschutz: Geht es vor allem um die Bürgerrechte oder um die Befugnisse der Sicherheitsbehörden im Kampf gegen Kriminelle? Frames können auf unterschiedlichen Ebenen und Abstraktionsniveaus vorliegen. Verbreitet in der Analyse politischer Kommunikation ist beispielsweise der »Strategy Frame«. Damit werden Beiträge oder Passagen bezeichnet, in denen Fragen der politischen Strategie, des Machtkampfs und Parteienwettbewerbs (*politics*) behandelt werden. Andere Frames beziehen sich auf die Sachpolitik (*policies*).

Es mag vorkommen, dass Redaktionen oder einzelne Journalisten Frames bewusst einsetzen. Es können aber auch unbewusste Einflüsse sein. In beiden Fällen ist anzunehmen, dass die Sozialisation und die politisch-weltanschauliche Verortung eine Rolle spielen, weshalb manche Medienkritiker darauf hinweisen, dass sich in Deutschland (wie in vielen Ländern) die Journalistinnen und Journalisten im Durchschnitt politisch etwas links von der Mitte einordnen. Umstritten ist, was dieser Befund, der schon vor Jahrzehnten erhoben und in jüngeren Studien bestätigt wurde, genau zu bedeuten hat. Der Nachweis, dass die politische Einstellung eines Einzelnen sich direkt auf einen Beitrag auswirkt, ist nicht leicht zu führen, wenn es sich nicht um einen expliziten Kommentar handelt.

Offensichtlich sind hier mehrere Fragen und Faktoren zu beachten: Welche Art von Berichterstattung betreibt ein Journalist, wer sind die »Meinungsführer« in den Redaktionen, welche Rolle spielt die Chefredaktion, welche redaktionelle Linie vertritt das Medium? Wie sieht das mediale Gesamtsystem im Hinblick auf politische Orientierungen aus (im Vergleich zur Bevölkerung)?

Bereits in den 1970er Jahren war die Frage der politischen Tendenz im Journalismus eine in der Medienforschung viel diskutierte Frage. Die Wissenschaftlerin und Demoskopin Elisabeth Noelle-Neumann glaubte damals, Anzeichen für eine »Schweigespirale« erkannt zu haben: Angeblich klafften die öffentliche Meinung der Bevölkerung und die veröffentlichte Meinung der Medien auseinander – mit Redaktionen, die eher die Sozialdemokratie als die Union bevorzugt hätten. Selbst wenn dies gestimmt haben sollte, darf eines nicht übersehen werden: Bereits 1982 übernahm die Union die Regierung und die Kanzlerschaft in der Bundesrepublik. Die Ära Kohl ging dann 16 Jahre lang. Nach der rot-grünen Regierung unter Gerhard Schröder folgte erneut eine 16 Jahre dauernde Ära der CDU unter Kanzlerin Angela Merkel. Dass die Union durch einen Medien-Bias wirkungsvoll benachteiligt worden wäre, erscheint demnach nicht ganz schlüssig.

Eine Reaktion auf diesen Einwand könnte lauten, dass die Bevölkerung eben nicht vollständig medial gelenkt sei, dass aber die teilweise recht sozialdemokratische oder grüne Politik Merkels auch etwas mit der Dominanz einer eher links orientierten öffentlichen Agenda zu tun gehabt habe. Ob diese Argumentation trägt, kann hier nicht entschieden werden. Vermutlich müsste man einzelne Themenfelder, zudem den Wertewandel und seine Ursachen sowie die Verschiebungen im Parteienspektrum genau untersuchen, um zu einer besseren Einschätzung zu kommen. Dass bereits die Auswahl von Themen durch die Medien, auch ohne explizite Wertungen, die öffentliche Debatte und Agenda beeinflussen kann, lässt sich kaum bestreiten. Ob und wie einzelne politische Akteure davon profitieren und inwiefern die Medien systematisch bestimmte Akteure bevorteilen oder benachteiligen, wäre im Einzelnen zu klären. Dabei ist Vorsicht im Urteil angebracht.

Auswahl von Themen und Themenaspekten

Die Themen, über die in den Medien (mit großer Reichweite) berichtet wird, bestimmen die öffentliche Agenda. Das bedeutet, sie prägen Debatten, politische Initiativen und die Wahrnehmung, was wichtig und dringlich ist. Die Forschung untersucht diesen Zusammenhang unter dem oben bereits eingeführten Begriff »Agenda Setting« (▶ Kap. 2). In der digitalen Medienwelt kann die Agenda stärker als früher auch von anderen Akteuren mitgeprägt werden. Möglich ist ein Wechselspiel. Ein Thema kann seine Karriere zunächst auf einer Social-Media-Plattform beginnen, angesprochen und angezettelt von einer speziellen Gruppierung. Dann verbreiten sich deren Botschaften möglicherweise im Netz und schließlich greifen auch etablierte Nachrichtenprogramme das Thema auf.

Wie und worüber Journalistinnen und Journalisten berichten, was sie aufgreifen und was nicht, ist auch in der weniger hierarchischen digitalen Öffentlichkeit durchaus von Bedeutung. Noch immer haben professionelle Redaktionen einen erheblichen Einfluss auf den gesellschaftlichen Themen- und Meinungshaushalt. Dabei führt die Ko-

Orientierung im Journalismus (Medien schauen auf andere Medien) zu dem bekannten Effekt, dass große Themen eine Zeitlang die Berichterstattung dominieren, bis sie irgendwann zu verschwinden scheinen, obwohl die Probleme, um die es geht, nicht gelöst sind.

Die Auswahl von Themen und Themenaspekten lässt sich stets auch als eine Wertentscheidung deuten. Was ist wichtiger, was unwichtiger? Warum wird über ein Eisenbahnunglück in Niedersachsen in einer Sondersendung berichtet, über ein Unglück gleicher Schwere in Indien aber nur in einer kurzen Meldung? Interessanterweise unterscheiden sich die Nachrichten verschiedener Medien zwar in diesen und jenen Details und Gewichtungen, wodurch eine gewisse Vielfalt im Informationsangebot entsteht. Aber in vielen Hinsichten gleichen sich die Zeitungen und Sendungen. Etliche Ereignisse werden ähnlich gewichtet. Die Medienforschung spricht von »Nachrichtenwerten«, denen die Redaktionen folgen und die von den Journalistinnen und Journalisten verinnerlicht werden.

Nachrichtenwerte

Die Medienforschung hat eine Reihe sogenannter Nachrichtenfaktoren oder Nachrichtenwerte ermittelt, die einen Einfluss darauf haben, ob und wie etwas im Journalismus überhaupt als Nachricht aufgegriffen wird (vgl. Eilders 2016). Wann »springt« zum Beispiel ein Agenturjournalist an und schreibt eine Meldung? Zu den Faktoren, die in der Forschung gefunden wurden, gehören unter anderem: Prominenz, Nähe (geographisch und kulturell), Konflikt, Schaden (eines Ereignisses). Je nach Studie gibt es noch etliche weitere Punkte. Die Logik, nach denen die Medien entscheiden, wirkt teilweise zynisch. Warum sollten zehn tote Deutsche, die bei einem Unglück umkommen, wichtiger sein als zehn tote Iraker? Aufgrund des Faktors Nähe wird das Unglück mit den Deutschen hierzulande aber viel stärker beachtet als das Unglück im Irak. Dabei spiegelt die Medienlogik teilweise wohl nur wider, wie Menschen generell ihre Umwelt zu ordnen suchen. Der Nahraum erscheint fürs eigene Überleben und für eigene Entscheidungen oft

> wichtiger. Das alles kann und sollte man allerdings hinterfragen – zum einen aus moralischen Gründen, zum anderen realpolitisch mit Blick auf die Bedeutung transnationaler Verflechtungen. Die Nachrichtenwerte und ihre Anwendung sind nicht unantastbar, sie fallen nicht vom Himmel, sie sind diskutierbar.

Die Orientierung an Nachrichtenwerten hat zur Folge, dass sich die Medienrealität von anderen Arten, die Wirklichkeit zu erfassen, unterscheidet. Beispiel Kriminalität: Kleine Taschendiebstähle und geklaute Fahrräder tauchen in den Nachrichten selten auf, es sind aus Sicht der Medien einfach zu läppische und gewöhnliche Ereignisse. Eine alte Journalismus-Weisheit lautet: »Hund beißt Mann« – das ist keine Nachricht. »Mann beißt Hund« hingegen lohnt sich für einen Bericht. So greifen die Medien lieber die seltenen schweren Straftaten auf (spektakuläre Überfälle, Mord und Totschlag) als die häufigen leichten Straftaten. Damit prägen sie die Wahrnehmung des Publikums. Die »Cultivation Theory« untersucht solche Medienwirkungen. Demnach kann es passieren, dass Menschen aufgrund ihres Medienkonsums das Ausmaß schwerer Kriminalität überschätzen und eine unbegründete, jedenfalls übertriebene Furcht entwickeln, selbst Opfer solcher Taten zu werden.

Die Konjunktur bestimmter Themen kommt einigen Akteuren stärker zugute als anderen. Wird exzessiv über Kriminalität und Gewalttaten berichtet und rutscht deshalb die Innere Sicherheit nach oben auf der öffentlichen Agenda, kann dies beispielsweise von Vorteil für konservative Parteien sein, die für mehr Polizei und verschärfte Sicherheitsmaßnahmen plädieren. Dominiert dagegen die Klima- und Umweltpolitik die Diskussion, könnten davon die Grünen profitieren.

Auch wenn solche Zusammenhänge in konkreten Konstellationen komplexer sind, leuchtet es ein, dass bereits die Tatsache, dass dieses oder jenes Thema überhaupt in der Öffentlichkeit behandelt wird, einigen politischen Kräften mehr nützt als anderen bzw. einigen mehr schadet als anderen. So entsteht ein weiteres Einfallstor für eher subtile Parteinahmen im Journalismus.

Dabei kann nicht nur danach gefragt werden, welche übergreifenden Themen welches Gewicht erhalten, sondern auch, welche Aspekte und Dimensionen dieser Themen in welcher Intensität behandelt werden. Als »instrumentelle Aktualisierung« wird in der Medienforschung das Phänomen bezeichnet, dass einige Aspekte gezielt hochgespielt, andere dagegen gezielt heruntergespielt werden (Kepplinger 1989). Beispiel Drogenpolitik: Wird intensiv über die problematische Beschaffungskriminalität berichtet, kann dies von Vorteil für diejenigen sein, die Drogen legalisieren wollen. Wird dagegen intensiv darüber berichtet, wie Süchtige von einem scheinbar harmlosen Konsum zu immer gefährlicheren Drogen übergehen, könnte dies dem Lager helfen, das noch striktere Verbote fordert.

Interessant ist auch, welche Personen in einem Beitrag Erfahrungen und Meinungen ausdrücken dürfen. Wer sind die Protagonisten, welche Experten werden ausgewählt, welche Politiker zitiert? Von »opportunen Zeugen« (Hagen 1992) spricht die Medienforschung, wenn die Auswahl der Stimmen so erfolgt, dass sie eine bestimmte (politische) Linie oder Tendenz des Beitrags stützt. Ein Journalist braucht seine Meinung nicht selbst zu artikulieren, er kann andere (für sich) sprechen lassen.

Objektivität und Subjektivität

Beim Begriff »Objektivität« winken viele gleich ab. Wer ist schon objektiv? Niemand wird den eigenen Standpunkt ganz aufgeben, seine oder ihre an die Zeit und den Ort gebundene Perspektive ganz überwinden können. Daraus zu folgern, dass Menschen gar nicht in der Lage wären, ihren Blick zu weiten, einen Schritt zurückzutreten, die Dinge von einer anderen Warte zu betrachten und andere Sichtweisen und Meinungen aufzunehmen, wäre allerdings auch überzogen.

Man kann einräumen, dass die menschliche Erkenntnis- und Einsichtskraft begrenzt ist, und man kann anerkennen, dass das

Subjektive zur Welt dazugehört und weder ganz getilgt werden kann noch getilgt werden sollte – und dennoch an der Idee und dem Ziel der Objektivität festhalten (vgl. Rescher 1997). Sonst wäre übrigens auch die Wissenschaft ziemlich aufgeschmissen. Und ebenso das Gerichtswesen.

Dass die Objektivität in Verruf geraten konnte, dürfte mit der Arroganz und Dominanz zu tun haben, mit der nicht nur Medienvertreter in der Vergangenheit aufgetreten sind. Wer behauptet, »objektiv« zu sein, will sich unangreifbar machen für Kritik. Die Rede von angeblicher Objektivität ist dann nicht viel mehr als eine Tarnung von Macht und Herrschaft. Vor allem in den USA haben manche Redaktionen die Objektivität mitunter wie einen Fetisch verwendet und gar nicht bemerkt, dass sie gar nicht einlösten, was der hehre Begriff verlangt. Die daraufhin einsetzende Gegenbewegung wird nun ihrerseits zum Problem, wenn sie übers Ziel hinausschießt und in einen Relativismus und Subjektivismus schlittert, in dem jeder nur noch behauptet und berichtet, was und wie es ihm oder ihr passt.

Wer ernsthaft nach Objektivität strebt, muss sich selbst und die eigene Macht und Perspektive infrage stellen – und wird dann oft feststellen, dass vieles, was zunächst selbstverständlich und allgemeingültig schien, vielleicht doch nur einer beschränkten, bornierten Sicht geschuldet ist (▶ Abb. 9). Der Hochmut des Eurozentrismus, dessen brutale Ausprägungen in der Kolonialgeschichte bis heute nachwirken, ist ein Beispiel dafür. Die Demut, die daraus folgen sollte, braucht jedoch mit dem Rassismus und der Ausbeutung nicht gleich die Idee von Wahrheit und Objektivität als solche zu entsorgen. Sonst gehen sämtliche Kriterien und Standards verloren – nicht nur im Journalismus, auch in der Politik oder der Wissenschaft. Nötig ist ein reflektiertes, (selbst-)kritisches Verständnis von Objektivität – und ein Bewusstsein dafür, dass auch die Subjektivität ihren Platz in der Welt hat und für den Journalismus wichtig ist.

Für den öffentlich-rechtlichen Rundfunk ist die Orientierung an Objektivität in den Programmgrundsätzen vorgeschrieben (▶ Kap. 2). Unterschiede nach Formaten und Darstellungsformen bleiben möglich. Reportagen beispielsweise, ob als Text oder als Film, gelten als

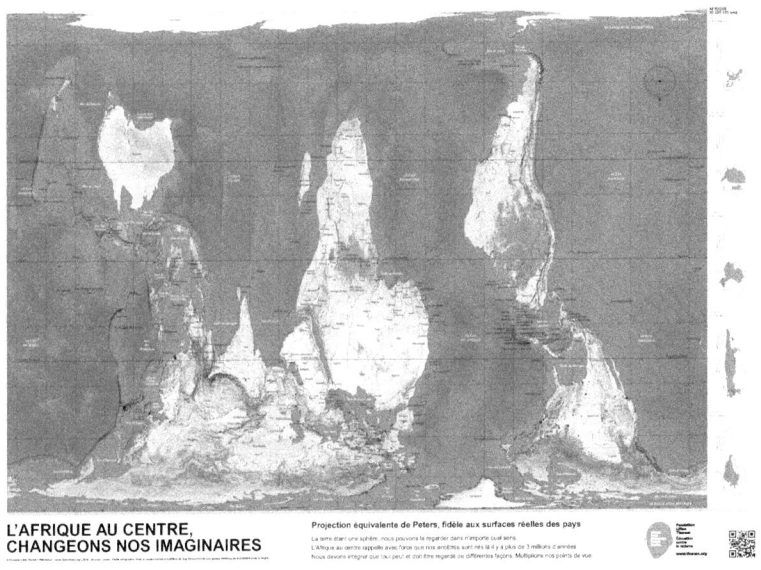

Abb. 9: Weltkarte »Utopia des Südens« (Quelle: Fondation Lilian Thuram / Lépac 2015).

bewusst subjektive Form. Ebenso Kommentare. Doch auch für sie sind grundlegende Erwartungen, beispielsweise an die Faktentreue und die Fairness, nicht außer Kraft gesetzt. Objektivität und Subjektivität sind keine absoluten Gegensätze, sie sind miteinander verschränkt und aufeinander bezogen.

Es erscheint unproblematisch, wenn einige Journalistinnen und Journalisten auf (ihre) Subjektivität pochen und betonen, entscheidend sei, die eigene Perspektive transparent zu machen. Dennoch kann das Publikum auch von ihnen erwarten oder verlangen, dass sie unabhängig agieren und nicht bloß als Sprachrohr einer bestimmten Organisation oder Gruppe. Sonst könnte man sich den Journalismus sparen – und alle würden gezielt als Kommunikationsbeauftragte für eine bestimmte Sache oder Organisation arbeiten.

4 »Fake News Media« – Medienrealität als Zerrbild? Journalismus in der Kritik

Die Kontrollfunktion der Vierten Gewalt erschöpft sich nicht im kritischen Blick auf die Regierung und den Staat, sie bezieht sich auch auf andere Akteure und Systeme der Gesellschaft. Dass sogar die vermeintlich oder tatsächlich »Guten«, zum Beispiel Umweltschutzgruppen, möglichst unvoreingenommen betrachtet und gegebenenfalls kritisiert werden sollen, ist eine Sichtweise, die oft in Verbindung mit einem vielzitierten Ausspruch des langjährigen »Tagesthemen«-Moderators Hanns Joachim Friedrichs gebracht wird:

> »Das hab' ich in meinen fünf Jahren bei der BBC in London gelernt: Distanz halten, sich nicht gemein machen mit einer Sache, auch nicht mit einer guten, nicht in öffentliche Betroffenheit versinken, im Umgang mit Katastrophen cool bleiben, ohne kalt zu sein. Nur so schaffst du es, dass die Zuschauer dir vertrauen, dich zu einem Familienmitglied machen, dich jeden Abend einschalten und dir zuhören.« (Hanns Joachim Friedrichs im *Spiegel*-Interview 13/1995)

Die Forderung, man dürfe sich als Journalist mit nichts »gemein« machen, nicht einmal mit einer guten Sache, ist immer wieder zitiert und immer wieder kritisiert worden. Dabei wird häufig übersehen, dass Friedrichs sich erkennbar auf seine eigene Rolle und die Präsentation von Nachrichten bezogen hat. In Meinungsbeiträgen dürfen oder sollen sich Journalisten durchaus für eine bestimmte Sache einsetzen. Und müssen sie es nicht zumindest in dem Sinne sogar im Nachrichtenjournalismus, dass sie sich, wie in diesem Buch ausgeführt, in den Dienst der Demokratie stellen? Damit gehen normative Anforderungen an die Kommunikation einher, die in der Berichterstattung verteidigt werden sollten, beispielsweise die Zivilität in einer Debatte und der Erhalt der Meinungs- und Pressefreiheit.

Im ersten Kapitel wurde der Begriff des Gemeinwohls verwendet und, Kovach und Rosenstiel zitierend, auf die nötige Loyalität des Journalismus zur Demokratie und ihren Bürgerinnen und Bürgern. In diesem Sinne kann und muss sich der Journalismus sehr wohl mit etwas »Gutem« gemein machen. Von Friedrichs war aber offensichtlich etwas anderes gemeint, nämlich die konkrete Parteinahme für

Akteure und Bewegungen, denen man als Journalist möglicherweise Sympathie entgegenbringt. Diese Sympathie darf den professionellen Blick nicht trüben. Auch hier ist ein Schritt zurückzutreten – im Sinne eines Strebens nach Objektivität.

Wichtig erscheint, dass in einer offenen Gesellschaft nicht nur ein Pluralismus von Medien existiert, deren redaktionelle Linien in unterschiedliche Richtungen weisen, sondern dass eine nennenswerte Zahl bedeutsamer Informationsangebote ausdrücklich darum bemüht ist, die Vielfalt der Themen, Meinungen und Perspektiven in der Gesellschaft aufzunehmen und wiederzugeben – ohne klare Schlagseite für die einen oder die anderen. Was geschieht hingegen, wenn die großen Nachrichtensender einer eindeutigen Parteilinie folgen? Entweder dominiert dann eine Seite, zum Beispiel die der Regierung, und die Meinungsfreiheit und die öffentliche Debatte leiden. Oder es bildet sich eine polarisierte Öffentlichkeit, in der im Extremfall die verschiedenen Lager nur noch feindselig miteinander umgehen oder sich komplett ignorieren – eine Entwicklung, wie sie sich während der US-Präsidentschaft Donald Trumps abzeichnete. Beide Optionen erscheinen für eine Demokratie höchst problematisch.

Eine völlig neutrale und absolut ausgewogene Berichterstattung ist weder möglich noch wünschenswert, es kann auch nicht um einen simplen Proporz der Meinungen gehen. Doch Offenheit und Durchlässigkeit im Diskurs, das Bemühen um faire und unvoreingenommene Darstellung von Sachverhalten, die Unabhängigkeit von Parteiinteressen – all dies kann dazu beitragen, den Journalismus in die Richtung des Objektivitätsideals zu schieben und ihn als Vierte Gewalt arbeiten zu lassen.

Schlüsselbegriffe
»Fake News«, »Lügenpresse«-Vorwurf, Medienvertrauen, Medienrealität, »Sagen, was ist«, Relotius-Affäre, Hitler-Tagebücher, Ko-Orientierung, Tendenz, Framing, Nachrichtenwerte, Objektivität, Subjektivität, »sich (nicht) gemein machen«

Fragen zum Weiterdenken

- Wie viel Vertrauen in die Medien (in den Journalismus) ist in einer Demokratie nötig oder wünschenswert?
- Worin besteht der Unterschied zwischen einer journalistisch erzeugten »Medienrealität« und der in Spielfilmen oder Romanen gezeigten »Realität«?
- An welchen Beispielen lässt sich zeigen, dass die Nachrichtenwerte, die den Entscheidungen von Redaktionen, worüber sie berichten (und wie prominent), zugrunde liegen, problematisch sein können? Welche Nachrichtenwerte kommen zu kurz?

Literaturtipps zum Weiterlesen

Bucher, Hans-Jürgen (Hrsg.) 2020: Medienkritik. Zwischen ideologischer Instrumentalisierung und kritischer Aufklärung. Köln: Herbert von Halem Verlag.
Der Band versammelt Aufsätze, die aus wissenschaftlicher Perspektive verschiedene Richtungen und Untiefen der Medienkritik ausloten und auch einen methodischen Überblick geben (z. B. zur »kritischen Diskursanalyse«).

Moreno, Juan 2019: Tausend Zeilen Lüge. Das System Relotius und der deutsche Journalismus. Berlin: Rowohlt.
Packend geschriebene Darstellung der Relotius-Affäre – geschrieben von dem Spiegel-Autor, der seinem Kollegen auf die Schliche kam und dem man zunächst nicht glauben wollte.

Schultz, Tanjev 2021: Der Reporter-Blick von nirgendwo? Journalismus in der Spannung zwischen Objektivität und Subjektivität. In: Publizistik 66 (1), S. 21–41, DOI: 10.1007/s11616-020-00624-1
In diesem Aufsatz versuche ich, das Ideal der Objektivität und die Subjektivität im Journalismus miteinander zu versöhnen. Gezeigt wird, wie sogar für betont subjektive Darstellungsformen (Reportage, Kommentar) noch Objektivitätsansprüche gelten.

Im Kapitel zitierte Literatur

Eilders, Christiane 2016: Journalismus und Nachrichtenwert. In: Martin Löffelholz & Liane Rothenberger (Hrsg.), Handbuch Journalismustheorien. Wiesbaden: Springer VS, S. 431–442.

Fehrle, Brigitte / Höges, Clemens / Weigel, Stefan 2019: Der Fall Relotius. Abschlussbericht der Aufklärungskommission. In: Der Spiegel 22, S. 130–146.

Hagen, Lutz M. 1992: Die opportunen Zeugen. Konstruktionsmechanismen von Bias in der Volkszählungsberichterstattung von FAZ, FR, SZ, taz und Welt. In: Publizistik 37 (4), S. 444–460.

Jakobs, Ilka / Schultz, Tanjev / Viehmann, Christina / Quiring, Oliver / Jackob, Nikolaus / Ziegele, Marc / Schemer, Christian 2021: Medienvertrauen in Krisenzeiten. In: Media Perspektiven 3, S. 152–162.

Kepplinger, Hans Mathias 1989: Instrumentelle Aktualisierung. Grundlagen einer Theorie publizistischer Konflikte. In: Max Kaase & Winfried Schulz (Hrsg.), Massenkommunikation. Theorien, Methoden, Befunde. Kölner Zeitschrift für Soziologie und Sozialpsychologie, Sonderheft 30, S. 199–220.

Matthes, Jörg 2021: Framing. 2. Aufl., Baden-Baden: Nomos.

Rescher, Nicholas 1997: Objectivity: The Obligations of Impersonal Reason. Notre Dame: University of Notre Dame Press.

Schultz, Tanjev 2018: NSU – Der Terror von rechts und das Versagen des Staates. München: Droemer.

Schultz, Tanjev 2021: Wahrheit vor Schönheit. Die Reportage nach dem Fall Relotius. In: Christian Schicha / Ingrid Stapf / Saskia Sell (Hrsg.), Medien und Wahrheit. Medienethische Perspektiven auf Desinformation, Lügen und »Fake News«. Baden-Baden: Nomos, S. 263–277.

Wilke, Jürgen 2016: Von der Wahrhaftigkeit zur Gerechtigkeit. Die historische Herausbildung von Normen des journalistischen Handelns. In: Jahrbuch für Kommunikationsgeschichte 18, S. 24–50.

5

Prominente »abschießen«, Witwen »schütteln«? Der Missbrauch medialer Macht und die Ethik im Journalismus

Die Macht der Medien soll zur Kontrolle der Mächtigen eingesetzt werden, birgt aber die Gefahr, missbraucht zu werden. Dann sind die Medien selbst das Problem. Das Image des Journalismus ist auch da, wo keine »Lügenpresse«-Vorwürfe erhoben werden, nicht das Beste. Das Klischee vom schmierigen Reporter, der seine eigene Großmutter verraten würde, hält sich beharrlich. Jenseits großer Heldengeschichten (Watergate, »Spotlight« ...) begegnen uns Journalisten auch in Spielfilmen oft als Typen, vor denen man sich in Acht nehmen muss.

Tatsächlich gibt es unzählige Beispiele dafür, dass die Medien rücksichtslos vorgehen, ohne dass sich dies durch ihre öffentliche

Aufgabe rechtfertigen ließe. Wer zur Beute einer medialen Meute wird, kann mit dem Ausdruck »Vierte Gewalt« nichts Positives verbinden. Die Pressefreiheit erlaubt den Medien vieles, aber längst nicht alles – und nicht alles, was rechtlich erlaubt ist, entspricht einem ethisch korrekten und verantwortungsbewussten Handeln. Viele »Sünden« im Journalismus sind juristisch nicht zu beanstanden, aus einer ethisch-normativen Perspektive hingegen sehr wohl.

Wer Opfer einer Straftat wird (erst recht, wenn sie in der Öffentlichkeit passiert), muss in der Mediengesellschaft befürchten, gleich noch einmal in seiner Würde verletzt zu werden – durch (Social-Media-)Gaffer und skrupellose Reporter. Auch Zeugen und Angehörige von Opfern werden oft in das voyeuristische Spektakel hineingezogen, das Boulevardmedien, Twitter- und Instagram-Paparazzi im Ringen um Reichweite und Aufmerksamkeit veranstalten.

Die allzeit bereiten Handys und Aufnahmegeräte haben manchmal ihr Gutes. Sie können dazu beitragen, der Öffentlichkeit ein Unrecht zu zeigen. Ein Beispiel dafür ist der Fall von George Floyd, der 2020 in Minneapolis von einem Polizisten, der seine Knie auf Floyds Hals drückte, getötet wurde. Jemand hatte die Szene gefilmt und damit nicht nur wichtiges Beweismaterial erzeugt, sondern die Grundlage für weltweite Proteste gegen Rassismus und Polizeigewalt geschaffen. In anderen Situationen dienen Filmaufnahmen jedoch eher dazu, den Voyeurismus und die Sensationslust zu bedienen. Die Medien und jeder Einzelne tragen große Verantwortung für einen angemessenen Umgang mit Foto- und Filmaufnahmen.

Ein immer wieder herangezogenes älteres Beispiel für den Machtmissbrauch der Medien ist der Fall Gladbeck: 1988 überfielen zwei Räuber in Gladbeck die Filiale einer Bank, nahmen Geiseln und fuhren mit ihnen quer durchs Land, begleitet von einer Horde Journalisten. Ein 14-Jähriger und eine 18-Jährige wurden erschossen. Die Medien schreckten vor nichts zurück: Belagerung und Verfolgung des Fluchtautos, Interviews mit den Gangstern und den Geiseln. Im

Pressekodex des Deutschen Presserats, der ethische Grundsätze für den Journalismus formuliert, ist aufgrund der Erfahrungen aus Gladbeck der Satz eingefügt worden, dass es keine Interviews mit Kriminellen während eines Tatgeschehens geben dürfe. Journalisten dürfen die Arbeit von Sicherheitskräften nicht behindern und müssen die Rechte der Opfer wahren. Zu den häufigsten Verstößen gegen ethische, oft auch gegen juristische Grundsätze gehören Verletzungen von Persönlichkeitsrechten.

Abb. 10: Geiselnahme von Gladbeck. Die Medien umlagern das Entführer-Auto in der Kölner Innenstadt (Foto: Margret Pfeil via Picture Alliance).

Verletzen von Persönlichkeitsrechten

Der öffentliche Auftrag der Medien gibt ihnen nicht das Recht, ins Privatleben der Menschen einzudringen. Was aber, wenn das, was normalerweise geschützt ist, aus guten Gründen ins öffentliche Interesse rückt – wie im Falle des »Ibiza-Videos« (s. o.)? Dass der heimlich gefilmte Politiker Heinz-Christian Strache die Berichterstattung als skandalös empfand, ist wenig überraschend, aus Sicht des Journalismus war es jedoch Straches skandalöses Verhalten, das die Veröffentlichung rechtfertigte.

In anderen Fällen berufen sich Redaktionen zwar auf die Pressefreiheit und ein angebliches öffentliches Interesse, bemänteln damit aber nur Sensationsgier und Voyeurismus. Immer wieder wird in Deutschland die *Bild*-Zeitung vom Presserat dafür gerügt, dass sie den Opferschutz missachte, zum Beispiel, indem sie ungefragt Fotos von Menschen verbreitet, die bei einer Katastrophe, einem Unfall oder einem Verbrechen zu Schaden gekommen sind. Auf der Jagd nach Emotionen und Schicksalen schrecken einige Boulevardreporter nicht davor zurück, Angehörige zu bedrängen – aus dieser Praxis stammt das schlimme Wort des »Witwenschüttelns«.

Wie penetrant und taktlos manche im Journalismus agieren, hat sich in dramatischen Situationen immer wieder erwiesen – ob in Gladbeck, bei Amokläufen wie in Winnenden (2009) oder Unglücken wie dem Absturz eines Flugzeugs, das ein Pilot in einen Berg gesteuert hatte (Germanwings-Katastrophe 2015). In solchen Situationen rastet ein Teil der Medienbranche aus, verliert jede Hemmung und jeden Anstand und beliefert das Publikum mit blutigen Sensationen und süffigen Spekulationen.

Miese Praktiken betreffen nicht nur das Bedrängen von Angehörigen und Freunden der Opfer und Täter, teilweise bekommen (angebliche) Augenzeugen Geld angeboten, Situationen werden inszeniert, Vertraulichkeitszusagen gebrochen, Gerüchte und voreilige Anschuldigungen verbreitet.

Dass es zur Aufgabe der Medien gehört, die Hintergründe wichtiger Ereignisse zu erhellen, und dass sie nicht so lange warten können, bis offizielle Ermittlungen und Untersuchungsberichte abgeschlossen werden (deren Inhalt überdies kritisch betrachtet werden kann), ist keine Entschuldigung für offensichtlich unethisches Verhalten. Oft müssen Abwägungen getroffen werden (wie beim »Ibiza-Video«), in keinem Fall darf leichtfertig allein die Neugier und die Sensationslust befriedigt werden.

Auch Prominente dürfen nicht behandelt werden, als wären sie Freiwild. Prominente »abzuschießen«, ist zum einen ein martialisches Bild für die Praxis von Paparazzi, den Stars aufzulauern, um Fotos zu machen. Zum anderen lässt sich diese Redeweise so verstehen, dass Prominente durch die Berichterstattung vernichtet oder jedenfalls in ihrem Ruf nachhaltig beschädigt werden. Selbst bei einem tatsächlichen Fehlverhalten, das aus guten Gründen skandalisiert wird, entsteht für die Medien kein Freifahrtschein, Menschen »fertig zu machen«. Das Urteil der Öffentlichkeit kann härter ausfallen und als Bestrafung viel schärfer sein als das Urteil der Justiz. Moral und Recht sind nicht deckungsgleich. Das bringt für die Medien die Verantwortung mit sich, das rechte Maß zu finden und es mit Kritik und Abwertungen nicht zu übertreiben. Nicht nur im Juristischen, auch im Journalistischen sollte der Grundsatz der Verhältnismäßigkeit beachtet werden.

Manche Medienvertreter, bei denen sich die Frage stellt, ob sie überhaupt Journalisten genannt werden sollten, stellen wehrlosen Opfern nach. Ein Beispiel dafür ist das versuchte Eindringen ins Krankenzimmer des verunglückten Rennfahrers Michael Schumacher, der nach einem Sturz beim Skifahren lange Zeit im Koma lag und dessen Angehörige ausdrücklich darum baten, ihn in Ruhe zu lassen.

In anderen Fällen sind die Verstöße gegen Sitte und Anstand weniger offensichtlich, weil sie im Zusammenhang mit einer Berichterstattung über Akteure stehen, die sich selbst nicht korrekt verhalten haben. Das Aufdecken von Fehlverhalten und Missständen, das zur Aufgabe des Journalismus gehört, kann jedoch leicht zu maßloser Moralisierung und Skandalisierung führen.

Moralisierung und Skandalisierung

Dass die Medien an gesellschaftliche Akteure, wie Politiker oder Unternehmer, moralische Maßstäbe anlegen, ist zunächst nicht verwerflich, im Gegenteil. Zur Kritik- und Kontrollfunktion gehören moralische Diskurse und Bewertungen, die öffentliche Diskussion muss sich nicht auf juristische Argumente und Kriterien beschränken. Im Enthüllungseifer kann der Journalismus allerdings zur Moralisierung neigen und in unpassender oder überzogener Weise moralische Ansprüche formulieren. Er bläst dann Kleinigkeiten über Gebühr auf, verliert den Blick für Entlastendes und den Sinn für Feinheiten oder Differenzierungen. Den Nachrichtenwerten folgend, konzentriert er sich aufs Negative und auf einzelne Akteure, über die er sich zum Richter aufschwingt. Dabei kann der Journalismus, seinem Hang zur Personalisierung folgend, die Recherche und Darstellung von *Strukturen* aus dem Blick verlieren. Womöglich erklären diese die Missstände aber noch besser und umfassender als die Fehlleistungen einzelner Personen – und sie könnten ein Ansatz für Maßnahmen sein, um ähnliche Vorfälle in der Zukunft zu verhindern.

In der Skandalberichterstattung besteht stets die Gefahr, dass bestimmte Fakten, Deutungen und Bewertungen einseitig in den Vordergrund rücken, während andere Seiten des Themas, die nicht in das Schema passen, ignoriert oder nur knapp abgehandelt werden. Dazu kommt, dass sich in vielen (keineswegs in allen) Fällen die Medien einhellig in dieselbe Richtung bewegen. Dies mag mal daran liegen, dass dies schlicht die vernünftige Richtung ist. Es kann aber auch mit der erwähnten Ko-Orientierung zu tun haben, die zu einem Konformismus führt, bei dem die Medien alle ins selbe Horn blasen.

Wie sich die Redaktionen gegenseitig anstacheln und wie kleinteilig und teilweise kleinlich die Skandal-Berichterstattung aussehen kann, war im Fall des Bundespräsidenten Christian Wulff zu beobachten, der sich 2012 schließlich veranlasst sah, von seinem Amt zurückzutreten. Vorausgegangen waren Vorwürfe des Fehlverhaltens und der Vermischung privater und politischer Tätigkeit. Unabhängig davon, dass es gute Gründe für kritische Recherchen gab und sich das Verhalten des Politikers in einigen Fällen tatsächlich als problematisch darstellte, entwickelte die Skandalisierung Züge eines Exzesses, der gegen den Grundsatz der Verhältnismäßigkeit verstieß. Rückblickend haben das auch viele Medienvertreter so empfunden (vgl. Jackob 2018, S. 125 ff.).

Solche Beispiele dürfen nicht dazu führen, dass kritische Berichte generell abgewehrt und die investigative Arbeit der Medien grundsätzlich diskreditiert wird. Es ist klar, dass sich Akteure, die angegriffen werden, wehren und dass sie versuchen, der Vierten Gewalt die Legitimation abzusprechen. Davon darf sich ein verantwortungsbewusst handelnder Journalismus nicht beirren oder einschüchtern lassen. Er darf nur nicht selbstgerecht werden und muss in jedem einzelnen Fall sorgsam prüfen, welche Maßstäbe angemessen sind und mit welchen Mitteln und in welchem Ausmaß die Berichterstattung zu gestalten ist.

»Zahnloser Tiger«? Der Pressekodex

Der Pressekodex ist ein Regelwerk des Deutschen Presserats. Dieser ist ein Organ der Selbstkontrolle, dem die Zeitungs- und Zeitschriftenverleger sowie die Berufsgewerkschaften von Journalistinnen und Journalisten angehören (DJV und dju). Das Gremium wurde 1956 gegründet, um der Politik zuvorzukommen und zu verhindern, dass diese die gesetzlichen Zügel enger zieht und die Pressefreiheit einschränkt.

 Der Pressekodex ist kein Gesetz, die Urteile des Presserats sind keine Gerichtsentscheidungen.

Im Pressekodex sind Grundsätze und teilweise auch konkrete Verhaltensregeln für professionelles, ethisch korrektes Vorgehen im Journalismus festgelegt. Der Presserat nennt dies »Berufsethik«. Der Kodex umfasst derzeit eine Präambel und 16 Ziffern. Die erste Ziffer beginnt so:

> »Die Achtung vor der Wahrheit, die Wahrung der Menschenwürde und die wahrhaftige Unterrichtung der Öffentlichkeit sind oberste Gebote der Presse. Jede in der Presse tätige Person wahrt auf dieser Grundlage das Ansehen und die Glaubwürdigkeit der Medien.« (Deutscher Presserat 2019)

In den weiteren Ziffern werden unter anderem Grundsätze zur Sorgfalt und zur Recherche in der Berichterstattung formuliert, außerdem zur Trennung von Redaktion und Werbung, zum Schutz der Persönlichkeit und zum Verbot von Diskriminierung. Einige Regeln sind umstritten, beispielsweise die Frage, ob und gegebenenfalls wann die (ethnische/nationale) Herkunft mutmaßlicher Straftäter in Medienberichten genannt werden darf oder genannt werden sollte. Der Pressekodex wurde in diesem Punkt 2017 geändert, er verlangt nun, dass die Herkunft in der Regel nicht erwähnt werden soll, »es sei denn, es besteht ein begründetes öffentliches Interesse« daran. Wann aber liegt dieses Interesse vor? Dies ist eine Frage, die sich nicht leicht beantworten lässt. Kritiker werfen dem Presserat vor, mit dieser Regelung habe er der AfD und anderen Akteuren nachgegeben, die aus dem Thema »Kriminalität von Ausländern« politisch Kapital zu schlagen versuchten. Andere dagegen warnen vor einer Tabuisierung solcher Merkmale wie der Herkunft bei der Berichterstattung.

Schon vor der Änderung im Jahr 2017 war das Thema kontrovers, die Redaktionen reagierten auch damals schon unterschiedlich auf die Vorgaben des Pressekodex. Dieser sah in der alten Fassung vor, dass die Zugehörigkeit von Tatverdächtigen zu einer religiösen, ethnischen oder anderen Gruppe nur dann erwähnt werden sollte, »wenn für das Verständnis des berichteten Vorgangs ein begründbarer Sachbezug besteht«. Wenn beispielsweise die italienische Mafia in Deutschland einen Mord begeht, wäre demnach der Fall klar. In anderen Fällen führte aber auch diese ältere, restriktiver wirkende Regelung des Pressekodex zu unterschiedlichen Auslegungen.

In anderen Belangen sind sich die meisten in der Medienbranche einig, dennoch gibt es immer wieder Verstöße, beispielsweise wenn es um Schleichwerbung geht. Im Prinzip ist allen Journalistinnen und Journalisten klar, dass sich ihre Tätigkeit nicht mit Werbung verträgt. Wird gegen dieses Prinzip verstoßen (was nicht selten geschieht), geht dies selten aufs Konto einzelner Redakteure, sondern aufs Konto eines Medienunternehmens und seiner Geschäftsleitung. Neben Verstößen gegen die gebotene Trennung von redaktioneller Berichterstattung und Werbung betreffen viele Beschwerden, mit denen es der Presserat zu tun hat, eine Missachtung des Persönlichkeitsschutzes. Hier trifft die Verantwortung typischerweise den einzelnen Journalisten und die Redaktion.

Schmerzhafte Sanktionen stehen dem Presserat nicht zu Gebote, der Presserat kann lediglich eine öffentliche »Rüge« aussprechen, die von dem betreffenden Medium abgedruckt werden soll. Unterhalb der Rüge spricht der Presserat bei weniger schlimmen Verstößen gegen den Kodex eine sogenannte »Missbilligung« aus. Noch harmloser ist das Instrument des »Hinweises«, mit dem der Presserat einer Redaktion Ratschläge mit auf den Weg gibt. Jenseits der drei Sanktionsstufen (Hinweis, Missbilligung, Rüge) kann sich aus Sicht des Presserats eine Beschwerde auch als unbegründet erweisen.

Die Zahl der Beschwerden, mit denen sich der Presserat befassen muss, ist zuletzt gestiegen, und dies während der Corona-Krise sogar sehr deutlich. Ob dieser Trend anhält, wird sich zeigen, einiges spricht dafür: Die Öffentlichkeit ist kritischer und sensibler geworden gegenüber der medialen Berichterstattung und ihren tatsächlichen oder vermeintlichen Verstößen gegen ethische und professionelle Normen. Und die fortgeschrittene Digitalisierung hat dazu geführt, dass Beiträge, die früher nur in einer begrenzten Teilöffentlichkeit wahrgenommen wurden, nun bundesweit diskutiert werden, wenn sie (von manchen) als skandalös empfunden werden.

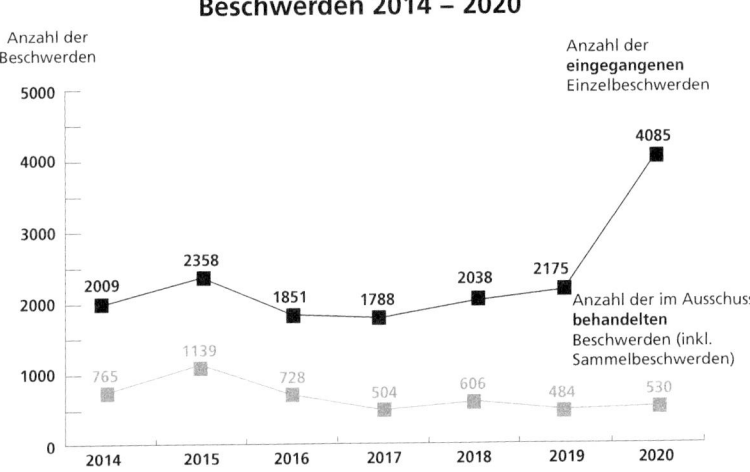

Abb. 11: Zahl der Beschwerden beim Deutschen Presserat (Quelle: eigene Darstellung nach Daten von presserat.de).

Weil weder Geldstrafen noch andere Formen einer härteren Maßregelung vorgesehen sind, wird der Deutsche Presserat oft als »zahnloser Tiger« bezeichnet und belächelt. Trotz verständlicher Kritik an dieser Institution: So sinnlos und wirkungslos, wie sie auf den ersten Blick aussieht, ist sie nicht. Immerhin hält der Presserat mit seinem Kodex und den darauf bezogenen Debatten und Entscheidungen den Diskurs über ethisch richtiges Handeln im Journalismus wach und lebendig. Er konfrontiert Redaktionen mit Fragen zur ethisch sensiblen Berichterstattung und hilft den Medien und ihren Kritikern, sich in Diskussionen auf schriftlich fixierte Normen zu beziehen.

Sind Persönlichkeitsrechte berührt, können sich im Presse*recht* nur die unmittelbar Betroffenen auf juristischen Wegen wehren. Beim Presserat darf sich dagegen jeder und jede beschweren, die in einem Medienbeitrag einen Verstoß gegen den Kodex erkennt. Allerdings ist der Presserat nur für Zeitungen und Zeitschriften und deren Online-Angebote zuständig, nicht für den Rundfunk. Für Beschwerden über Rundfunksendungen sind die Landesmedienanstalten und die Gremien der öffentlich-rechtlichen Sendeanstalten zuständig, bei denen eine förmliche Programmbeschwerde eingereicht werden kann.

Die Grundsätze des Pressekodex setzen einen Rahmen, der eine gewisse Orientierung geben kann. Manches ist gar nicht so vage, wie man dem Gremium nachsagt. Seine Richtlinie 8.3 lautet beispielsweise: »Insbesondere in der Berichterstattung über Straftaten und Unglücksfälle dürfen Kinder und Jugendliche bis zur Vollendung des 18. Lebensjahres in der Regel nicht identifizierbar sein.« Und in Ziffer 11 heißt es, zugegeben etwas allgemeiner: »Die Presse verzichtet auf eine unangemessen sensationelle Darstellung von Gewalt, Brutalität und Leid. Die Presse beachtet den Jugendschutz.«

> **Beispiel aus der Spruchpraxis: Fall Solingen**
> September im Jahr 2020: In Solingen soll eine Mutter fünf ihrer Kinder getötet haben, ein Junge überlebte. Bei RTL und *Bild* wurde großflächig berichtet und aus dem Chatverlauf des Elfjährigen zitiert, der mit dem Leben davongekommen war. Auch die *SZ* hatte darüber zeitweise online berichtet, den Artikel dann entfernt und sich entschuldigt. Die Quelle für den Chat war ein zwölf Jahre alter Freund des Jungen. Dass er interviewt und voll kenntlich gezeigt wurde, dass auch die Kommunikation der Kinder an die Öffentlichkeit gezerrt wurde – all das war ein Beispiel nicht nur für mangelndes Taktgefühl, es war ein klarer Verstoß gegen den Pressekodex und gegen das Gebot, Minderjährige besonders zu schützen. Die Berichterstattung über den Fall in Solingen löste öffentliche Empörung aus, die *Bild*-Zeitung reagierte darauf noch vor einer Entscheidung des Presserats. Mathias Döpfner, Chef des Springer-Verlags, der die *Bild* herausgibt, sagte: »Wir haben Fehler gemacht.« Man wolle und müsse es in Zukunft besser machen. Kann man sich darauf verlassen?

Grenzüberschreitungen und Verstöße gegen den Pressekodex sind vor allem bei Boulevardmedien keine Seltenheit. In ihrer Sensationsgier und dem kalkulierten Regelbruch haben einige Redaktionen grausame Routine. So hatte der Presserat allein im September 2020, als die Berichterstattung über den Fall in Solingen hochkochte, diese drei Rügen gegen die *Bild* und ihren Online-Auftritt ausgesprochen:

- Im *Bild*-Bericht »Mein Papa hat mir gesagt, dass er ein Vergewaltiger ist« habe die Redaktion das Foto eines Vergewaltigungsopfers kurz nach seinem Auffinden durch die Polizei veröffentlicht – unverpixelt. Ein schwerer Verstoß gegen den Opferschutz.
- Im Artikel »Junge Mutter in Leipzig getötet« zeigte die *Bild*-Zeitung das Foto eines Mordopfers. Die Redaktion hatte es offenbar ohne Einwilligung von Angehörigen von der Facebook-Seite der Getöteten entnommen. Auch dies ein Verstoß gegen den Opferschutz.
- Der *Bild*-Bericht »Kinder-Psychologin und Ehemann von Sohn erschossen« zeigte ein getötetes Ehepaar und den ebenfalls getöteten Sohn. Dieser wurde als Täter bezeichnet – schon bald stellte sich jedoch heraus, dass der Sohn nicht der Täter war. Der Presserat rügte diese Vorverurteilung sowie die identifizierbare Abbildung der Familie.

Während sich andere Redaktionen an die Regeln des Presserats halten und Rügen wie vorgesehen abdrucken, hat die *Bild*-Zeitung diese Selbstverpflichtung notorisch ignoriert. Auch deshalb versprechen sich Kritiker nur noch wenig Wirkung von den Rügen des Presserats. Eine Reform dieser Institution könnte das Ziel haben, schnellere Entscheidungen und ein effektiveres Instrumentarium für Sanktionen zu bekommen. Solche Verbesserungen würden allerdings nichts daran ändern, dass es das Wesen der Medienethik ist, dass sie nicht in der gleichen Weise formalisiert und durchsetzbar ist wie das Medienrecht – und dass nicht in allen Punkten Konsens herstellbar ist. Die Entscheidungen des Presserats können und müssen diskutiert und kritisiert werden können. Wer Entscheidungen aus früheren Jahrzehnten liest, wird feststellen, wie sich einige Bewertungen im Laufe der Jahre verändern. Der Pressekodex bietet eine gewisse Orientierung, letztlich müssen aber die einzelnen Redaktionen und die einzelnen Journalistinnen und Journalisten in der Praxis immer wieder neu ihr professionelles Ethos bestimmen und ethisch verantwortungsvolle Entscheidungen fällen.

Redaktions-Leitfäden zu Qualität und Ethik

Abgesehen vom Pressekodex gibt es in vielen Redaktionen eigene ethische und technische Leitfäden, die Grundsätze und Regeln formulieren und damit die Journalistinnen und Journalisten auf bestimmte Standards in der Arbeit einschwören. Vor allem die großen Nachrichtenagenturen, Sender und Zeitungen verfügen sogar über sehr umfangreiche Regelwerke, in denen auch diverse Details geklärt werden (Wie stark dürfen Fotos bearbeitet werden? Wie werden Statistiken dargestellt? usw.). Sie beinhalten zudem allgemeinere Hinweise, die das Rollenverständnis und grundsätzliche Aspekte der journalistischen Aufgabe betreffen. So heißt es in den »*Spiegel-Standards*« aus dem Jahr 2020, die das Magazin nach dem Relotius-Skandal entwickelt hat, gleich zu Beginn:

> »Die Mitglieder der SPIEGEL-Redaktion sind höchsten journalistischen Standards verpflichtet. Sie berichten unabhängig von politischen, wirtschaftlichen, weltanschaulichen, religiösen und privaten Interessen sorgfältig und wahrhaftig. Die obersten Prinzipien für die Arbeit an den Texten müssen Aufrichtigkeit und Verständlichkeit sein. Alles andere, zum Beispiel Spannung oder Unterhaltsamkeit, ist ebenfalls wichtig, darf aber nicht zulasten von Aufrichtigkeit und Verständlichkeit gehen. (...) Für unsere Arbeit gilt der Grundsatz: Die Geschichte muss stimmen. Verantwortlich dafür ist die Redaktion. Stimmen heißt nicht nur, dass die Fakten richtig sind, dass es die Personen gibt, dass die Orte authentisch sind. Stimmen heißt, dass der Text in seiner Dramaturgie und seinem Ablauf die Wirklichkeit wiedergibt. Folgt die Recherche einer These, ist nicht nur nach Belegen für, sondern auch nach Belegen gegen diese These zu suchen. Jede Recherche erfolgt ergebnisoffen. (...) Eine Geschichte kann eine Haltung haben, die muss aber gut begründet sein. Haltung muss kein eindeutiges Urteil beinhalten, sondern kann sich auch in Fragen, Ambivalenzen, dem Nicht-Bescheid-Wissen, dem Sich-Herantasten

ausdrücken. Das setzt Demut voraus: Wir dürfen und müssen thematisieren, dass man Sachverhalte und Personen auch aus anderen Perspektiven sehen kann.« (*Der Spiegel* 2020)

Auch die Redaktion der *Süddeutschen Zeitung* hat im Jahr 2020, ergänzend zu einem seit Jahrzehnten existierenden Redaktionsstatut, ein »Wertepapier« erarbeitet und veröffentlicht. Darin heißt es zu Beginn:

> »Die Redakteurinnen und Redakteure, die Volontärinnen und Volontäre verpflichten sich auf die Grundsätze des Redaktionsstatuts vom 4. August 1971 und den Pressekodex. Grundlage ihrer redaktionellen Arbeit ist die freiheitlich demokratische Grundordnung der Bundesrepublik Deutschland. Die Mitarbeiterinnen und Mitarbeiter berichten wahrheitsgemäß, unabhängig und frei von jeglicher Einflussnahme. Redaktionelle Inhalte und Anzeigen sind strikt zu trennen. Diese Grundsätze und Werte, die seit der Gründung das Fundament ihrer journalistischen Arbeit bilden, werden die Süddeutsche Zeitung auch im digitalen Wandel in die Zukunft tragen. Gründliche und objektive Recherche, sorgfältiges Verfassen und Redigieren von Texten, Audiobeiträgen und Videos auf höchstem Niveau und der Anspruch, die Leserinnen und Nutzer auf bestmögliche Weise zu informieren und zu unterhalten, bilden die Basis.« (*Süddeutsche Zeitung* 2020)

Solche Sätze mögen zunächst nur wie hehre Worte klingen, das macht sie aber noch keineswegs hohl. In ihrer Bedeutung für die Sozialisation und Selbstvergewisserung im Beruf sind solche Erklärungen und ausformulierten Standards nicht zu unterschätzen. Dazu kommen die teilweise sehr konkreten Handlungsanweisungen, Gebote und Verbote in der redaktionellen Arbeit (z. B. verlangen die *Spiegel*-Standards, dass sich die Reporter als Journalisten zu erkennen geben; verdeckte Recherchen sind in Ausnahmefällen erlaubt, müssen aber über die Ressortleitung mit der Chefredaktion abgestimmt werden). Die konkreten Regeln können im Zusammenspiel mit den grundlegenden Selbstverständnissen und der täglichen redaktionellen Umsetzung das professionelle Profil und das Ethos des Journalismus prägen. Treten in der Praxis Ungereimtheiten, Widersprüche oder Ambivalenzen auf, müssen diese in der Redaktion offen angesprochen, diskutiert und unter Umständen auch dem Publikum offengelegt werden. Immer wieder stehen Journalistinnen und Journalisten vor neuen schwierigen Abwägungen und Entscheidungen. Dafür benötigen sie einen sensiblen ethischen Kompass, professionelle Kompetenz, persönliches und redaktionelles Rückgrat.

Schlüsselbegriffe
Fall Gladbeck, Persönlichkeitsrechte, »Witwenschütteln«, Moralisierung, Skandalisierung, Menschenwürde, Presserat, Pressekodex, Beschwerden, Rüge, Ethik, Ethos, Standards

Drei Fragen zum Weiterdenken

- Was bringt es, wenn ein Medium aus ethischen Gründen bestimmte Informationen nicht veröffentlicht, diese aber überall im Internet kursieren, weil andere nicht so sensibel sind?
- In welcher Situation könnten selbst ethisch sehr reflektierte Journalistinnen und Journalisten in die Versuchung geraten, rücksichtslos zu handeln und die Jagd nach einer Sensation an die erste Stelle zu setzen?
- Welche Verantwortung hat das Publikum für die Qualität der Medien – stimmt es, dass die Redaktionen liefern, was die Menschen wollen?

Literaturtipps zum Weiterlesen
Henning, Tim 2019: Allgemeine Ethik. Paderborn: Wilhelm Fink/utb.
Kurze Einführung in die Ethik als philosophische Disziplin – wichtig als Grundlage für medienethische Diskussionen.
Malcolm, Janet 1990: The Journalist and the Murderer. New York: Vintage Books.
Das Buch hat in den USA Wirbel gemacht. Es schildert die Grenzüberschreitung eines Journalisten, der sich scheinbar mit einem Angeklagten (Vorwurf: Mord) anfreundet – und diesen dann bitter enttäuscht. Ein realer Fall.
Sontag, Susan 2013: Das Leiden anderer betrachten. Frankfurt/M.: Fischer.
Ein nachdenklicher Essay über die Macht der Bilder – Pflichtlektüre nicht nur für Fotografen, Kameraleute und Journalisten, sondern für alle, die ein Smartphone mit sich herumtragen.

Im Kapitel zitierte Literatur

Der Spiegel 2020: Die Spiegel-Standards, Online unter: www.spiegel.de/backstage/nach-diesen-standards-arbeitet-der-spiegel-a-d80c52f5-fa6e-4463-a8de-513f15fcb29b [Abruf am 30.6.2021]

Deutscher Presserat 2019: Publizistische Grundsätze (Pressekodex). Online unter: https://www.presserat.de/pressekodex.html [Abruf am 30.6.2021]

Jackob, Nikolaus 2018: Die Mediengesellschaft und ihre Opfer. Berlin: Peter Lang.

Süddeutsche Zeitung 2020: Unser Wert, unsere Werte (SZ-Wertepapier), Online unter: https://projekte.sueddeutsche.de/artikel/verlag/sz-wertepapier-unser-wert-unsere-werte-e766877 [Abruf am 30.6.2021]

6

Zukunft der Vierten Gewalt

Schon vor Jahren wurden Abgesänge auf den Journalismus und die Massenmedien angestimmt. Würde es demnächst noch Zeitungen geben? Hat sich nicht auch das Fernsehen längst überlebt? Und braucht es überhaupt noch journalistische Redaktionen, wenn doch heute jede Person und jede Organisation sich selbst im Internet äußern kann?

Trotz aller Umwälzungen in der Kommunikation: Den Journalismus gibt es immer noch. Seine Verbreitungswege und Aggregatzustände haben sich verändert, wie es ja auch sonst keinen Stillstand in der Gesellschaft gibt. Doch verschwunden sind diejenigen, die sich mit der öffentlichen Aufgabe des Journalismus identifizieren, keineswegs. Viele Medienunternehmen sind von einer Strukturkrise erfasst worden, die ihre alten Geschäftsmodelle untauglich gemacht hat. Dennoch existiert weiterhin eine beträchtliche Nachfrage nach journalistischen Angeboten – und dies ist, gerade auch jenseits ökonomischer Kategorien, wenig überraschend, wenn man bedenkt, welche Funktionen der Journalismus erfüllt und welche Leistungen er für demokratische Gesellschaften erbringt. Gute, seriöse Quellen und ein verantwortungsvoller Journalismus sind heute genauso wichtig wie in der Zeit vor der Digitalisierung. Vielleicht sind sie sogar wichtiger denn je.

Auch in der Zukunft braucht es glaubwürdige und unabhängige Medien, die Informationen und Meinungen für die öffentliche Kommunikation bereitstellen, indem sie Themen recherchieren, auswählen und gewichten, Debatten anregen, Argumente präsentieren und in Bezug zueinander setzen.

Welchen Weg die Gesellschaft technologisch, wirtschaftlich und kulturell auch geht – solange sie dabei auf dem Pfad der Demokratie bleibt, braucht sie die Vierte Gewalt. Sie braucht einen Journalismus, der das formale Gefüge der demokratischen Institutionen ergänzt, diese kritisch in den Blick nimmt und auch andere Sphären der Gesellschaft, wie Wirtschaft, Sport, Kultur und Wissenschaft, beobachtet und hinterfragt.

So betrachtet ist der Journalismus für die Demokratie sogar »systemrelevant«. Mit diesem Wort wurden, als 2020/21 Corona-Viren die Welt in einen Alarmzustand versetzten, Berufe und Branchen beschrieben, die für das gesellschaftliche Leben unverzichtbar sind. In Corona-Zeiten waren damit nicht nur die Tätigkeiten im Gesundheitssystem gemeint, sondern ebenso im Lebensmittelhandel oder bei der Müllabfuhr. Wenngleich sich Journalistinnen und Journalisten selbst nicht zu wichtig nehmen sollten – auch ihr Beruf ist systemrelevant. Interessanterweise stieg zum Ende des Corona-Jahres das Vertrauen der deutschen Bevölkerung in die etablierten Medien (Jakobs u. a. 2021). Offenbar erschienen sie in Zeiten großer Unsicherheit als verlässliche Orientierungspunkte, trotz diverser Kritik im Detail.

Abb. 12: *Spiegel*-Cover: Aufbruch in der Pandemie (DER SPIEGEL 17/2020).

Dabei konnte den professionellen Redaktionen zugutekommen, dass sie über gute Zugänge ins Zentrum der politischen Macht verfügen und sie ihr Publikum deshalb schnell und zuverlässig über die Pläne und Aktionen der Regierung und der Behörden informieren. Allerdings müssen sie aufpassen, dass sie dabei ihre kritische Funktion nicht vernachlässigen. Tatsächlich gab es entsprechende Kritik an der Corona-Berichterstattung und obwohl das Vertrauen insgesamt stieg, empfand am Ende des Jahres 2020 gut jeder Dritte die Mediendarstellungen als zu einseitig. Nach dem Abflauen der akuten Krise könnte das Vertrauen ohnehin wieder sinken.

Es ist nicht leicht für den Journalismus, verschiedene Erwartungen und Aufgaben ins richtige Verhältnis zu bringen. Als Vierte Gewalt soll er die Mächtigen kritisch und aus der Distanz betrachten, als Beschaffer solider Informationen muss er aber auch eine gewisse Nähe zu den Mächtigen herstellen. Bleibt er zu zahm, erfüllt er seine

Aufgabe schlecht. Bleibt er in großer Distanz, bekommt er zu wenig mit. Überzieht er mit seiner Kritik, wird er destruktiv.

Konstruktiver Journalismus
In der Medienbranche und in der Wissenschaft gibt es eine Strömung, die sich für einen »konstruktiven Journalismus« einsetzt. Die Medien, so die Idee, sollen sich von ihrem Fokus auf negative Ereignisse lösen. Tatsächlich wird Negativität oft als Nachrichtenwert betrachtet, »bad news« sind guter Nachrichtenstoff. Aber kommen dabei nicht die Lösungen zu kurz? Und wird das Weltbild nicht schief, wenn ständig nur das Problematische im Vordergrund steht? Der »konstruktive Journalismus«, dem sich mittlerweile auch in Deutschland einige Redaktionen verschrieben haben, will ausdrücklich keine rosarote Brille aufsetzen, sich aber darum bemühen, auch über mögliche Auswege aus Krisen und über Vorbilder oder gelungene Beispiele zu berichten. Eng verwandt mit dem Konzept des »konstruktiven Journalismus« ist der Ansatz des »lösungsorientierten Journalismus« (*solution journalism*).

Die Spannung zwischen Information und Kritik, Vertrauen und Misstrauen lässt sich auch am Begriff der »Systemrelevanz« klarmachen: Journalismus soll einen Dienst an der Demokratie leisten, aber keine Dienstleistung für die Mächtigen sein. Er soll das demokratische und gesellschaftliche System nicht durch Folgsamkeit stützen, sondern durch solides Informieren, beharrliches Recherchieren und durch faires Kritisieren und konstruktives Diskutieren.

Die Vierte Gewalt ist systemrelevant, weil sie keine Scheu hat, das »System« und seine Akteure zu hinterfragen, Zweifeln nachzugehen und Widersprüche und Missstände offenzulegen. Auch für das Publikum ist das ein Spagat: Es muss sein Vertrauen in die Medien, in die Demokratie und ihre Institutionen nicht zuletzt darauf gründen, dass es sich ein gewisses Maß an Skepsis und Misstrauen bewahrt und auch darauf vertraut, dass der Journalismus misstrauisch genug ist, um seine Kritik- und Kontrollfunktion zu erfüllen.

6 Zukunft der Vierten Gewalt

Öffentlich oder halb-öffentlich wird in der Gesellschaft unablässig, schnell und flexibel kommuniziert. Vieles davon, insbesondere auf den Social-Media-Plattformen, bewegt sich auf der Ebene bloßer Bekenntnisse und Parolen, Gerüchte und Spekulationen, Inszenierungen und Selbstdarstellungen. Davon muss sich der Journalismus abgrenzen. Er muss Substanz liefern. Zugleich kann er es sich aber nicht leisten, abgehoben und arrogant zu agieren. Das Publikum kann jederzeit reagieren – und auch eigenständig kommunizieren. Es will mitreden. Es kann selbst Quellen erschließen, und es kann journalistische Beiträge überprüfen und kritisieren.

Die Vierte Gewalt wird nun also selbst belagert und kontrolliert von denen, die sich nicht nur als passive Empfänger medialer Botschaften verstehen. Dadurch entstehen zusätzliche Anforderungen und Aufgaben für den Journalismus, der seinerseits die vielen digitalen Kanäle beobachten und relevante Stimmen oder Inhalte daraus aufgreifen muss. Mehrwert bietet er vor allem dann, wenn er es nicht beim bloßen Aufgreifen belässt, sondern weiterrecherchiert.

Recherche war schon immer der Schlüssel für gehaltvollen Journalismus, und dieser Schlüssel wird in Zukunft noch wichtiger werden, um etwas Eigenes zur öffentlichen Diskussion beitragen zu können. Solide zu recherchieren, erfordert nicht nur den Willen und die Kompetenz, es braucht die nötigen Freiräume dafür. Ohne eine abgesicherte, weit ausgelegte Pressefreiheit und ohne ausreichend Ressourcen in den Redaktionen kann ein von Recherche getragener Journalismus nicht gelingen. Die Macht der Medien wird zur Ohnmacht, wenn der professionelle Boden brüchig wird, Journalistinnen und Journalisten nicht mehr stark und fest auftreten können.

Die Zukunft der Vierten Gewalt hängt davon ab, dass diese weder staatlich noch wirtschaftlich gezähmt wird. Zugleich müssen Journalistinnen und Journalisten ihrer Verantwortung gerecht werden und einem Ethos folgen, das mediale Exzesse und Grenzverletzungen verhindert, ohne sich in der Kritik- und Kontrollfunktion zu beschränken. Das alles sind hohe Anforderungen, wenn man an die vielen Einschränkungen denkt, die es in der Praxis geben kann – doch wenn Journalismus mehr sein soll als das Liefern irgendeines »Content«, der vermarktet werden kann, kommt es darauf an, ihn so auszustatten, dass er die anspruchsvolle Aufgabe erfüllen kann, die dem Journalismus in einer demokratischen Öffentlichkeit zugeteilt ist.

Recherchen, die unter die Oberflächliche bohren, sind oft aufwendig und teuer. Die Gesellschaft und das Publikum werden bereit sein müssen, dafür zu zahlen (in welchen konkreten Modellen auch immer). Sonst wird das Motto, das sich der Berliner *Tagesspiegel* auf seinen Zeitungskopf geschrieben hat und das die gesamte Branche leiten könnte, zum leeren Versprechen: *Rerum cognoscere causas*. Der lateinische Spruch bedeutet: die Ursachen der Dinge erkennen. Etwas freier übersetzt: den Dingen auf den Grund gehen. Auch dieser Slogan wirkt – wie »Democracy dies in darkness« (▸ Kap. 1) – auf den ersten Eindruck vielleicht etwas pathetisch oder vermessen. Wollen Journalisten den Doktor Faust spielen? Ist die Suche nach des Pudels Kern nicht eher die Sache der Wissenschaft? Es mag sein, dass die Wahrheitssuche im Journalismus eher früher als später an Grenzen stößt. Doch der Anspruch, hinter die Kulissen zu schauen, muss ihn anspornen. Gerade in Zeiten, in denen sich im Internet Propaganda und Desinformation rasend schnell verbreiten, kommt es darauf an, sich nicht blenden zu lassen. Journalismus muss eine Instanz sein, die beharrlich berichtet, fragt und zweifelt. In der digitalen Dauerkommunikation ist ein Journalismus gefordert, der geduldig die Welt ergründet. Dass viele Beiträge diesen Anspruch nur unzureichend einlösen, macht ihn nicht überflüssig, sondern nur umso dringlicher.

Journalismus darf weder PR sein noch Propaganda, er muss in seiner Arbeit Wert auf Unabhängigkeit und die Orientierung am Gemeinwohl legen (so sehr darüber gestritten werden kann, was dies im konkreten Fall bedeutet). Darauf muss er setzen oder sich besinnen, wenn er auch in Zukunft seine Aufgabe wahrnehmen und im digitalen Strukturwandel bestehen will. Allzu verlockend kann es für Medienunternehmen sein, ihre Redaktionen der Logik und den Geschäftsmodellen nicht-journalistischer Tech-Unternehmen anzupassen. Das mag, zumindest kurzfristig, wirtschaftlichen Erfolg versprechen. Wenn der Preis dafür aber ist, dass die Inhalte journalistisch entwertet werden, kann die Gesellschaft sich das nicht leisten.

Zehn Thesen

Durch den Digitalisierungsschub der vergangenen Jahre hat sich die Arbeitsweise in vielen Redaktionen stark verändert. Der Wandel ist noch im Gange und wird immer weitergehen. Das beginnt damit, dass ehemals getrennte Mediengattungen und Verbreitungswege heute ineinandergreifen oder flexibel gewechselt werden können. Auch Zeitungsredaktionen erstellen nun Videos und entwickeln Podcasts. Darüber hinaus existieren viele Möglichkeiten zur Interaktion mit dem Publikum, die oft nur unvollkommen genutzt werden. In den Vordergrund ist die ständige Erfolgsmessung gerückt – meist mit einem eingeschränkten, vor allem auf Reichweiten zielenden Verständnis von Erfolg. Jederzeit ist messbar, welche Beiträge im Internet wie viel geklickt werden.

Die Innovationen im Journalismus und in den Medien setzen sich fort. Das ist für sich genommen weder gut noch schlecht und jedenfalls kein Grund für Alarmstimmung oder Heilserwartungen. Es kommt auf die richtige Gestaltung an. Entscheidend für die Zukunft des Journalismus und für die Frage, ob er seine anspruchsvolle Aufgabe erfüllen kann, wird es sein, den Wandel nicht allein oder vorrangig unter technischen und ökonomischen Vorzeichen zu gestalten. Dazu hat der Autor gemeinsam mit dem Hörfunk-Journalisten Oliver Günther zehn Thesen aufgestellt, die hier einen passenden Abschluss bilden (Günther & Schultz 2021):

1. Anregen und aufklären – guter Journalismus ist guter Journalismus

Guter Journalismus klärt auf über die Wirklichkeit, in der wir leben, er gibt Menschen Orientierung, bietet ihnen Perspektiven und Einsichten jenseits ihrer eigenen Lebensrealität, konfrontiert sie auch mit ihnen unbekannten, neuen Sichtweisen. Guter Journalismus ist nicht nur informativ, er hinterfragt Machtstrukturen und thematisiert Missstände. Er recherchiert auch gegen Widerstände. Guter Journalismus ist kritisch gegenüber gesellschaftlichen Realitäten, kritisiert aber nicht nur, sondern zeigt konstruktive Lösungsoptionen auf. Guter Journalismus nimmt sein Publikum ernst, wendet sich ihm zu, ist aber auch unbequem. Guter Journalismus ist vielfältig und mutet Vielfalt zu. Er ist offen für Neues. Eine digitale Medienwelt verändert die Rahmenbedingungen, die Formate und Ausspielwege, die Kommunikation mit dem Publikum, nicht jedoch das Wesen des Journalismus. Guter Journalismus bleibt guter Journalismus.

2. Nutzerinteresse ersetzt keine journalistischen Kriterien

Die Digitalisierung bietet völlig neue Möglichkeiten im Verhältnis von Publikum und Redaktion. Mit Analysetools können Bedürfnisse der Nutzerinnen und Nutzer abgefragt und analysiert werden, digitale Kanäle schaffen Verbindungen zwischen Redaktionen und Rezipienten. Für den Journalismus ist das eine Chance, näher an die Lebenswirklichkeit der Menschen heranzukommen. Das Nutzerinteresse ersetzt dabei keine journalistischen Kriterien. Nicht alles, was das Publikum oder ein bestimmter Teil des Publikums will und was ihm gefällt, ist Journalismus. Der gezählte Klick auf einen Podcast ersetzt journalistische Kriterien genauso wenig wie ›like‹-Reaktionen – und mögen es auch zahlreiche sein – auf den Social-Media-Plattformen. Datenauswertungen und Befragungen können den Journalismus besser machen. Dafür ist es jedoch notwendig, im Journalismus mehr zu sehen als das Bedienen von Nutzerinteressen. Es geht nicht ums Belehren oder Bekehren, es geht um ein Ausbrechen aus Kreisläufen der bloßen Selbstbestätigung. Wer Nutzerinteressen an die Stelle journalistischer Kriterien setzt, schadet am Ende nicht nur dem Journalismus, sondern auch den Nutzerinnen und Nutzern.

3. Journalismus ist Journalismus – und kein ›Produkt‹

Journalismus wird produziert und für diese Produktion gibt es Rahmenbedingungen. Doch Journalismus ist kein ›Produkt‹. Journalismus hat einen Wert an sich, jenseits von Produktkategorien, die ökonomisch definiert sind. Ein ›Produkt‹ muss gefallen, ein Produkt will man ›verkaufen‹, es soll einen ›return on investment‹ erbringen, zugleich sollen die Produktionskosten reduziert werden. Diese ökonomischen Aspekte sind Teil des journalistischen Betriebs. Sie definieren aber nicht journalistische Qualität. Die Beitragsfinanzierung des öffentlich-rechtlichen Rundfunks löst den Journalismus bewusst aus privatwirtschaftlichen Zusammenhängen. Wer den öffentlich-rechtlichen Journalismus zum ›Produkt‹ macht, verrät den Grundgedanken des öffentlich-rechtlichen Prinzips. Natürlich: Auch private Unternehmen ermöglichen (guten) Journalismus, wie unter anderem die lange und reiche Tradition der Verlage belegt. Der Clou und die Größe auch ihres journalistischen Erfolgs und ihrer Glaubwürdigkeit liegen jedoch darin (und hängen davon ab), dass sie größtmögliche redaktionelle Unabhängigkeit gewährleisten – und dass auch sie ihre journalistischen Beiträge nicht als bloße Verkaufsobjekte missverstehen.

4. Journalismus leistet einen Dienst – aber Journalismus ist keine Dienstleistung

Journalismus hat einen gesellschaftlichen Mehrwert, man könnte auch sagen: Journalismus dient der Gesellschaft – nicht dem Staat und seinen Institutionen – im Sinne eines gedeihlichen Zusammenlebens. Insofern will der Journalismus gesellschaftlich wirksam sein. Er kann sich nicht damit zufriedengeben, nur in einer Nische zu existieren. Er möchte sich an die Breite der Gesellschaft richten. ›Relevanz‹ ist nicht umsonst ein zentrales Kriterium journalistischen Arbeitens. In diesem Sinne muss der Journalismus viele Menschen erreichen – aus den unterschiedlichsten gesellschaftlichen Gruppen. Aber guter Journalismus muss nicht (allen) gefallen. So wie der Journalismus die Menschen nicht im schlechten Sinne belehren und missionieren soll, so sollte er sie im guten Sinne bilden, anregen, herausfordern. Das bedeutet, das eigene Publikum nicht zu unterschätzen – und ihm zuzutrauen, dass es offen ist für Neues, Gewagtes und Anregendes. Und oft sogar für Komplexes oder Widersprüchliches. Journalismus, so heißt es, soll Komplexität reduzieren. Das ist bestimmt nicht falsch, wenn damit gemeint ist, etwas verständlich aufzubereiten. Die Herausforderung besteht jedoch darin, die Komplexität sozialer und technischer Prozesse und Phänomene erkennbar und eine Kommunikation jenseits abgeschirmter Fachzirkel möglich zu machen. Wer ernsthaft recherchiert, muss sich selbst und das Publikum mit Komplexitäten anfreunden. Das ist nicht nur ein Dienst an der ausdifferenzierten Gesellschaft, es ist – wider die gefährlichen Vereinfacher – auch ein Dienst an der Demokratie.

5. Der Nutzer ist ›König‹ – die (gar nicht so) rätselhafte Selbstaufgabe des Journalismus

Personalisierung und Individualisierung sind zwei zentrale Eigenschaften des digitalen Transformationsprozesses. Ein Prozess, den der Begriff der ›Singularitäten‹ (Reckwitz 2019) gut beschreibt. Das Erzeugen und die Bewirtschaftung von (angeblicher) Individualität ist ein Merkmal der digitalen Ökonomie. Umso größer ist auch für Medienunternehmen die Versuchung, den Nutzerinnen und Nutzern möglichst individuell den ›Content‹ zu bieten, der für sie relevant ist und ihren jeweils individuellen Interessen entspricht. Für ein ›Produkt‹-Denken ist das attraktiv. Journalismus sollte aber ein anderes Interesse haben. Wer aufklären und anregen will, darf nicht nur individuelle Interessen bedienen. Eine funktionierende Gesellschaft ist mehr als die Summe der Einzelinteressen ihrer Mitglieder. Anders formuliert: Eine Gesellschaft ist mehr als die Summe ihrer ›Blasen‹ und Binnen-Milieus. Ein Journalismus, der gesellschaftlich relevant ist, darf gerade nicht darauf ausgerichtet sein, möglichst effizient und passgenau individuelle Nutzerinteressen zu bedienen. Der Fetisch des Nutzerinteresses mag vielen Verantwortlichen gerade in den öffentlich-rechtlichen Medienhäusern angesichts der aktuellen Debatten um die Höhe des finanziellen Beitrags Zustimmung und Akzeptanz versprechen – am Ende ist es nicht mehr als Populismus auf Kosten des öffentlichen Auftrags.

6. Emotionalisierung, Personalisierung, Zuspitzung – die drei Irrwege im Digitalen

Facebook, YouTube und Co. – die erfolgreichen digitalen Medienunternehmen folgen einer inhaltlichen Konfektionierung, die auf Emotionalisierung, Personalisierung und Zuspitzung setzt. Diese ›Content-Konfektion‹ orientiert sich an den ökonomischen Interessen globaler Digitech-Unternehmen. Ein Journalismus, der diese Konfektionierung adaptiert, macht sich langfristig überflüssig. Das Kopieren rein aufmerksamkeitsökonomischer, nicht-journalistischer Maschen und Mechanismen ist in der digitalen Medienwelt mit ihren Reichweiten und Netzwerkeffekten der sichere Weg in die Bedeutungslosigkeit. Ein Journalismus, der die erzählerischen und ökonomischen Konzepte digitaler Konzerne übernimmt, inklusive des Distributionskonzepts der standardmäßigen Individualisierung, verfehlt seine öffentliche Aufgabe. ›Aufklärung‹ und ›Produkt‹ in einem, das geht nicht. Notwendig wären stattdessen attraktive Darstellungsformen und Erzählkonzepte, die gesellschaftliche Komplexitäten transparent machen und dem Publikum auf anschauliche, verständliche und spannende Art gesellschaftliche Prozesse nahebringen. Beiträge also, die inhaltliche Erkenntnisse und Auseinandersetzungen an die Stelle hohler emotionaler Kurzzeitwirkung (›Was macht das mit Ihnen?‹) und psychosozialer Temperierung (›so ein schweres Thema passt nicht am Wochenende‹) setzen – und so den Raum für substanzielle Dialoge und Diskurse öffnen.

7. ›Gefällt mir‹, ›like‹ und Klickzahlen – die neuen Fetische

Der Hilfssheriff des journalistischen ›Produkts‹ ist die Klickzahl. Klickzahlen definieren Zielvorgaben, dienen als Grundlage von Evaluierungsprozessen, bestimmen, ob sich ein journalistisches ›Produkt‹ gerechnet hat oder ›zu teuer‹ war. Ein Blick auf die Wirtschaftlichkeit ist – gerade auch im Bereich des öffentlich-rechtlichen Rundfunks – notwendig und durchaus zu Recht ein Kriterium. Zumal es hier um den Einsatz von gesetzlich festgelegten Beitragsmitteln geht und nicht um die freiwillige Bezahlung eines ›Produkts‹. Ein hinreichendes Kriterium für journalistische Qualität ist ›Wirtschaftlichkeit‹ aber nicht. Doch genau an solchen nicht quantitativen, sondern qualitativen Kriterien fehlt es im journalistischen Alltag eklatant. Hatte eine journalistische Berichterstattung gesellschaftliche Folgen? Hat sie die Debatte um ein wichtiges Thema bereichert? Wurde eine relevante Stimme hörbar gemacht? War das Storytelling attraktiv und dem Thema angemessen? Die Kommunikationswissenschaft und die Journalistik mit ihrer Tradition der Qualitätsforschung und nicht zuletzt die Führungsebene von Medienhäusern sind hier gefordert, allgemeine und für die jeweilige Redaktion spezifische Kriterien zu erarbeiten und mit den Journalistinnen und Journalisten zu diskutieren. Diese dem publizistischen Auftrag und der journalistischen Arbeit dann angemessenen Kriterien sind dringend notwendig, um – gerade in Zeiten knapper werdender Mittel – Prioritäten zu setzen und eine Grundlage für das redaktionelle Arbeiten in einer digitalen Medienwelt zu schaffen.

8. Auf Social Media wird schlechter Journalismus nicht besser

Guter Journalismus hat keine Scheu vor Social Media. Doch die Sozialen Medien sind verführerisch, und auf journalistische Kriterien nehmen sie keine Rücksicht. Sie belohnen die schnelle Soft News, den banalen Aufreger, die billige Promi-Story. Sie belohnen auch das bloße Bekenntnis, überzogene Kritik, schlichte Häme und moralisierende Selbstdarstellung. Das alles gefährdet die journalistische Seriosität und Integrität. Dazu kommt die Anfälligkeit für Fehler durch die schiere Geschwindigkeit, den Live-Charakter der Kommunikation und das Umgehen redaktioneller Kontrollen. Journalistinnen und Journalisten machen das, was ihnen allerorten geraten wird: Sie inszenieren sich als Marken, werfen sich in Pose, halten den Finger nicht still. Zugleich bilden sie Lager, ihre eigenen Blasen, Fan- und Feindgemeinschaften. Was das alles mit gutem Journalismus zu tun hat oder zu tun haben könnte? Unser Eindruck ist: Es wird zu wenig darüber gesprochen, Hauptsache alle (oder doch nur einige?) machen mit, sind ›aktiv‹ und ›präsent‹. Journalismus gehört auch auf Social-Media-Kanäle, keine Frage. Nur: Es sollte eben Journalismus sein. Guter Journalismus, am besten.

9. Luft für Recherchen statt kurzatmiges Abbilden der Aktualität

In der Echtzeit-Öffentlichkeit ist Tempo nichts Besonderes mehr. Worauf es mehr denn je ankommt: Substanz. Jenseits schneller Nachrichten kann der Journalismus nur punkten, wenn er mehr zu bieten hat als das, was sich jeder Mensch in kurzer Zeit er-googeln kann. Fachkundige Journalistinnen und Journalisten werden deshalb in der digitalen Medienwelt nicht unwichtiger, sondern wichtiger. Beschworen wird das zwar oft, aber dann zerschellen diese Ansprüche am Druck des Redaktionsalltags: Da müssen Schichten besetzt und die Aktualität abgebildet werden. Alles andere kommt dran, wenn mal Luft ist. Diese Luftnot ist gefährlich. Es geht nicht nur (aber auch) um die großen Recherchen und Enthüllungen – es geht um die tägliche Substanz. Sie kann nur aufbauen, wer eine Redaktion hat, in der sich Einzelne und Teams tiefer in Sachgebiete einarbeiten und diese über längere Zeit hinweg betreuen können. Die Corona-Pandemie hat vielen vor Augen geführt, wie entscheidend wissenschaftsjournalistische Kompetenzen in den Medienhäusern sind. Oft sieht es damit gar nicht so gut aus. Das gilt jedoch auch für viele andere Themen der Berichterstattung. Generalisten sind immer gut zu gebrauchen – allerdings nur, wenn es in Redaktionen auch genügend Leute gibt, die sich in den Details einer Sache auskennen und in der Lage sind, den Dingen auf den Grund zu gehen.

10. Mehr Mut zur Zumutung

Viele Redaktionen haben erkannt, dass sie zu wenig Vielfalt in ihren eigenen Reihen haben. Das wollen sie ändern. Endlich! Das beginnt bei den Personen, also den Journalistinnen und Journalisten (zu wenige ›People of Color‹, zu viele Mittelschichtskinder usw.), es setzt sich fort bei den Themen, den Perspektiven und Meinungen. Guter Journalismus ist neugierig auf die gesamte Gesellschaft. Er gibt auch denen eine Stimme und ein Forum, die wenig oder keine Macht haben (und auch denen, die nicht selbst laut rufen, dass sie gehört werden müssen). Guter Journalismus betrachtet die Welt aus vielen Blickwinkeln, schaut überall hin, hört zu. Moralische Kriterien sind dabei wichtig. Journalismus darf allerdings nicht nur über diejenigen berichten und denen Gehör verschaffen, die sich selbst für die ›Guten‹ halten oder die in den

Redaktionen für die ›Guten‹ gehalten werden (und es vielleicht auch sind, aber wer weiß?). Ein Journalismus, der strikt nach Haltung auswählt, spaltet. Guter Journalismus baut Brücken zwischen unterschiedlichen Teilen der Gesellschaft, darf soziale Widersprüche, Konflikte und Risse allerdings weder ignorieren noch zukleistern mit gefühligen Stoffen. Wer mehr Vielfalt in der Redaktion und in der Berichterstattung haben will, muss damit rechnen, dass nicht alle einer Meinung sind. Deshalb braucht es die Tugend der Aufgeschlossenheit, gepaart mit ›diskursivem Edelmut‹ (Frick 2020, S. 149), der zu konstruktivem Streiten führt – und den Mut einschließt, sich gegenseitig etwas zuzumuten.

Schlüsselbegriffe

Innovation, Reichweite, Nutzerinteresse, Glaubwürdigkeit, Emotionalisierung, Negativität, »Konstruktiver Journalismus«, Systemrelevanz, Echtzeit-Öffentlichkeit, »Blasen«, Vielfalt

Fragen zum Weiterdenken

- Wie kann der Journalismus kritisch und unabhängig bleiben oder werden, welche ökonomischen und redaktionellen Modelle sind dafür nötig?
- Wird journalistischer »Text« in Zukunft immer stärker von Bildern und gesprochener Sprache ersetzt (mit welchen Vor- und Nachteilen)?
- Wie muss sich der Journalismus weiterentwickeln, um den Bedürfnissen und Anforderungen einer digitalen Medienwelt gerecht zu werden – und zugleich einen »Dienst an der Demokratie« leisten zu können?

Literaturtipps zum Weiterlesen

Angele, Michael 2016: Der letzte Zeitungsleser. Berlin: Galiani.
Eine kurzer und feiner literarischer Essay – eine Liebeserklärung an die Zeitung.
Bradbury, Ray 2018 [1953]: Fahrenheit 451. Roman. München: Heyne.
Als Klassiker dystopischer Science-Fiction-Romane lässt sich das Buch auch als Mahnung für die Gegenwart lesen: Zwischen Lesen (Literatur, Journalismus), Politik und Demokratie besteht ein Zusammenhang.

Schudson, Michael 2018: Why Journalism Still Matters. Cambridge: Polity Press.
Kleine Sammlung anregender kurzer Beiträge zur Geschichte und Zukunft des Journalismus von einem der wichtigsten Journalismusforscher in den USA.

Im Kapitel zitierte Literatur

Frick, Marie-Luisa 2020: Freie Rede im Licht politischer Ethik: Was soll man nicht sagen, auch wenn man es sagen dürfte? In: Tanjev Schultz (Hrsg.): Was darf man sagen? Meinungsfreiheit im Zeitalter des Populismus. Stuttgart: Kohlhammer, S. 139–158.

Günther, Oliver & Schultz, Tanjev 2021: Anregen, aufklären, streiten. Zehn Thesen für einen starken Journalismus in einer digitalen Medienwelt. In: Journalistik – Zeitschrift für Journalismusforschung 4 (2), im Erscheinen.

Reckwitz, Andreas 2019: Die Gesellschaft der Singularitäten – zum Strukturwandel der Moderne. Berlin: Suhrkamp.